다 원 가

플 라 톤 가

지식인마을 12 세계화의 두 얼굴
부르디외 & 기든스

저자_ 하상복

1판 1쇄 발행_ 2006. 11. 20.
2판 1쇄 발행_ 2013. 6. 20.
2판 4쇄 발행_ 2021. 12. 10.

발행처_ 김영사
발행인_ 고세규

등록번호_ 제406-2003-036호
등록일자_ 1979. 5. 17.

경기도 파주시 문발로 197(문발동) 우편번호 10881
마케팅부 031)955-3100, 편집부 031)955-3200 | 팩스 031)955-3111

값은 뒤표지에 있습니다.
ISBN 978-89-349-2176-9 04330
     978-89-349-2136-3(세트)

홈페이지_ www.gimmyoung.com   블로그_ blog.naver.com/gimmyoung
인스타그램_ instagram.com/gimmyoung   이메일_ bestbook@gimmyoung.com

좋은 독자가 좋은 책을 만듭니다.
김영사는 독자 여러분의 의견에 항상 귀 기울이고 있습니다.

부르디외&기든스

Pierre Bourdieu & Anthony Giddens

세계화의 두 얼굴

하상복 지음

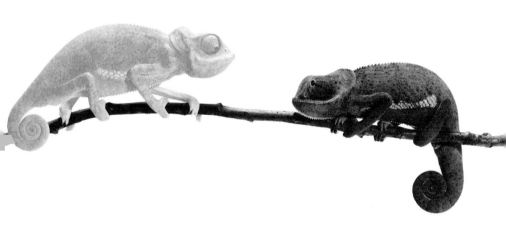

김영사

세계화 바라보기

2006년 우리나라에 살고 있는 외국인이 1992년에 비해 10배가 증가했다고 한다. 1992년에 0.1퍼센트였던 것이 현재 1퍼센트로 늘었다. 우리나라 사람 100명당 1명이 외국인이다. 그래서 그런지 길거리에서 외국인들을 심심치 않게 볼 수 있다. 사람들만 들어오는 것이 아니라, 외국의 돈도 들어오고 있다. 외국의 돈이 어떻게 움직이는가에 따라 우리나라 자본 시장이 심하게 요동치는 경우가 적지 않다. 하지만 우리나라로 들어오기만 하는 것은 아니다. 우리도 나간다. 우리 기업들이 전 세계를 누비며 활동하고 있고, 해마다 무수히 많은 학생들이 어학연수와 조기유학의 길에 오른다. 유학 간 자식을 둔 부모들은 이메일로, 인터넷으로 연락한다. 예전에는 상상할 수 없던 일이다.

우리는 그 어느 때보다 나라 간의 교류가 빈번하게 이루어지는 시대에 살고 있다. 조금 다른 얘기가 되겠지만 이상 기후와 같은 지구 환경 문제 또한 국가 간 협력의 필요성을 강화시키고 있다. 사람들은 이 시대를 '세계화globalization'로 특징짓는다. 그런데 일반적으로, 나라 간에 서로 밀접해지고 교류가 빈번해지는 상황을 지칭할 때는 '국제화internationalization'라는 말을 쓰곤 한다. 그렇다면 지금의 시대에 대해 국제화란 말을 쓰면 안 될까? 왜 굳이 새로운 용어를 만들어야 할까? 새로운 용어가 만들어지는 일은 우연이라기보다는 그전과 뭔가 다른 현상이 발생하고 있기 때문으로 이해해야 할 것이다. 그렇다면 국제화로 불리던 지난 시대와 세계화로 불리는 지금은 얼마나 어떻게 다를까? 그렇게 새로운 국제 관계의 새로운 시대는 언제, 어떻게 탄생한 것일까? 이 새로운 시대가 우리의 삶을 어떻게 바꿔놓을 것이며, 그렇게 바뀌는 모습은 바람직한 모습일까? 외국인이 늘어나는 것이 좋은가, 나쁜가? 외국의 돈이 많이 투자되는 것이 긍정적인가, 부정적인가?

많은 사람들이 세계화에 큰 관심을 기울이고 있다. 인터넷 서점에 들어가서 세계화를 키워드로 책을 검색해보면 생각한 것보다 훨씬 많은 수의 책들이 눈에 들어오리라. 이들은 세계화에 관해 어떤 얘기들을 하고 있는가? 어떤 사람들은 세계화는 매우 긍정적이며 인류에게 새로운 기회와 가능성을 제공한다고 말한다. 하지만 그와는 달리 힘 있는 몇몇 나라에게만 기회와 이익을 주는 편파적인 현상으로 보는 사람들도 있다. 나아가 또 다른 이들은 세계화가 그렇게 바람직하지는 않지만 피할 수 없는 현실이기 때문에 그에 적응해야 한다고 주장하기도 한다. 우리는 여기서 누구의 손을 들어줘야 할까?

누구의 손을 들어주든 본인과는 상관없다고 생각할 수도 있을 것이다. 하지만 우리가 살고 있는 이 시대에서는 그러기 쉽지 않을 전망이다. 우리는 세계화 시대에 필요하다는 영어 습득을 위해 조기유학을 보내는 게 붐인 시대에 살고 있다. '기러기 아빠' 문제는 이웃의 문제일 뿐만 아니라 나의 문제가 될 수도 있다. 유아 영어교육, 영어마을, 국제 중·고등학교, TOEIC, 영어 공용화 제안 등 우리나라에서 부는 영어 열풍으로부터 그 누가 자유로울 수 있을까?

세계화는 남의 나라의 일도 아니고 나와 무관한 일도 아니다. 우리는 주변의 일상 속에서 세계화의 단면들을 보고 있다. 그렇다면 우리는 세계화에 대해 이해하고 그에 대한 입장을 가져야 할 것으로 보인다. 무조건 그 흐름에 따라 이리저리 떠다닐 수는 없지 않은가!

이것이 이 책을 쓴 목적이다. 세계화에 관해 자신의 목소리를 내는 학자들은 무수히 많지만, 여기에서는 프랑스의 사회학자 피에르 부르디외와 영국의 사회학자 앤서니 기든스의 입장을 비교해보고자 한다.

이 두 사람을 다루는 이유는 무엇일까? 먼저, 세계화를 이해하는 데 이들의 견해와 시각은 매우 중요하고도 핵심적인 위치를 차지하고 있기 때문이다. 그런데 이 둘의 입장은 프랑스와 영국의 관계만큼이나, 서로 다르고 대립적이다. 부르디외는 세계화를 미국 주도의 질서라고 비판하면서 그에 저항하라고 외친다. 세계화라는 불길을 막기 위한 '맞불'이 필요하다고 소리친다. 반면, 기든스는 무조건 세계화를 부정적으로만 볼 일이 아니라고 한다. 세계화가 부정적인 측면도 가지고 있지만 새로운 기회와 가능성의 문을 열어주고 있기도 하므로 무조건 인정하느냐, 반대하느냐의 이분법적 사고로 접근할 것이 아니라고 주장한다. 둘째로, 이 두 사람은 세계화에 대한 자신의 입장을 머릿속에만 간직하지 않고 현실 속에 적용시키기 위해 적극적인 움직임을 시도했다는 점을 지적할 수 있다. 부르디외가 프랑스 정부의 사회 정책들을 전면적으로 비판하고 노동자들이 주도하는 반反세계화 시위에 참여하는 저항적 지식인의 모습을 보여주었다면,

기든스는 1997년 이후 영국을 이끌고 있는 노동당 블레어 정부의 정책 수립에 결정적인 영향력을 행사하고 있는 학자다.

나는 이 두 사회학자가 세계화를 이해하는 데 많은 도움을 줄 것이라 확신한다. 하지만 이들이 말하고 있는 세계화에 대한 입장을 이해하기는 결코 쉽지 않다. 왜냐하면 인간과 사회에 대한 철학적인 사색과 고찰을 바탕에 깔고 있기 때문이다. 이 책을 통해 이들의 난해한 이론과 사상을 가능하면 쉽게 보여주는 것이 나의 임무다. 아무쪼록 세계화에 관한 독자들의 이해도가 보다 넓어지고 깊어지기를 바라마지 않는다.

이 책의 저술에 관한 제안이 들어왔을 때 많이 망설였던 기억이 난다. 어려운 이야기를 과연 '쉽게' 써 내려갈 수 있을까 하는 의구심이 들었기 때문이다. 그것이 기우는 아니었기에, 쉬운 글쓰기를 시도할 수 있도록 용기를 주신 장대익 박사님과 문지영 박사님께 감사를 표한다. 그리고 이 책의 기획과 교정 및 출판에 이르기까지 많은 노력을 기울이신 김영사 직원분들께도 감사의 뜻을 전하고 싶다. 언제나 그러하듯 문장을 수정하고 다듬는 데 세심한 노력을 기울여준 나양에게 고마움을 전한다.

2007년 4월

〈지식인마을〉시리즈는…

〈지식인마을〉은 인문·사회·과학 분야에서 뛰어난 업적을 남긴 동서양대표 지식인 100인의 사상을 독창적으로 엮은 통합적 지식교양서이다. 100명의 지식인이 한 마을에 살고 있다는 가정 하에 동서고금을 가로지르는 지식인들의 대립·계승·영향 관계를 일목요연하게 볼 수 있도록 구성했으며, 분야별·시대별로 4개의 거리를 구성하여 해당 분야에 대한 지식의 지평을 넓히는 데 도움이 되도록 했다.

〈지식인마을〉의 거리

플라톤가 | 플라톤, 공자, 뒤르켐, 프로이트 같이 모든 지식의 뿌리가 되는 대사상가들의 거리이다.

다윈가 | 고대 자연철학자들과 근대 생물학자들의 거리로, 모든 과학 사상이 시작된 곳이다.

촘스키가 | 촘스키, 베냐민, 하이데거, 푸코 등 현대사회를 살아가는 인간에 대한 새로운 시각을 제시한 지식인의 거리이다.

아인슈타인가 | 아인슈타인, 에디슨, 쿤, 포퍼 등 21세기를 과학의 세대로 만든 이들의 거리이다.

이 책의 구성은

〈지식인마을〉 시리즈의 각 권은 인류 지성사를 이끌었던 위대한 질문을 중심으로 서로 대립하거나 영향을 미친 두 명의 지식인이 주인공으로 등장한다. 그리고 다음과 같은 구성 아래 그들의 치열한 논쟁을 폭넓고 깊이 있게 다룸으로써 더 많은 지식의 네트워크를 보여주고 있다.

초대 각 권마다 등장하는 두 명이 주인공이 보내는 초대장. 두 지식인의 사상적 배경과 책의 핵심 논제가 제시된다.

만남 독자들을 더욱 깊은 지식의 세계로 이끌고 갈 만남의 장. 두 주인공의 사상과 업적이 어떻게 이루어졌으며, 그들이 진정 하고 싶었던 말은 무엇이었는지 알아본다.

대화 시공을 초월한 지식인들의 가상대화. 사마천과 노자, 장자가 직접 인터뷰를 하고 부르디외와 함께 시위 현장에 나가기도 하면서, 치열한 고민의 과정을 직접 들어본다.

이슈 과거 지식인의 문제의식은 곧 현재의 이슈. 과거의 지식이 현재의 문제를 해결하는 데 어떻게 적용될 수 있는지 살펴본다.

이 시리즈에서 저자들이 펼쳐놓은 지식의 지형도는 대략적일 뿐이다. 〈지식인마을〉에서 위대한 지식인들을 만나, 그들과 대화하고, 오늘의 이슈에 대해 토론하며 새로운 지식의 지형도를 그려나가기를 바란다.

지식인마을 책임기획 장대익
서울대학교 자유전공학부 교수

Contents 이 책의 내용

Chapter

3 대화

시위현장에서 만난 부르디외와 기든스 · 196

Chapter

4 이슈

Chapter 1

Pierre Bourdieu

✉ 초대

INVITATION

Anthony Giddens

✉초대 ▶ 일상 속의 세계화

|상황1| 은혜와 진호,
지하도에서 노숙자를 보다 |진호| 은혜야, 저기 좀 봐!

저 사람들이 신문이나 방송에서 자주 말하던 그 노숙자들
아니니? 잘 곳이 없어 거리에서 지내야 하다니. 추운 겨울
과 더운 여름엔 어떻게 견디지. 목욕도 제대로 못 해 위생
문제도 심각할 것 같은데. 너무 힘들겠다.

|은혜| 그러게 말이야. '가난은 나라님도 구제하지 못한다'는 속
담처럼 저건 어제 오늘의 일이 아니라고 말할 사람도 있
겠지만 내 생각에는 그렇게 가볍게 취급할 일이 아닌 것
같아. 우리나라가 절대적 빈곤 상태에 있었던 지난 시절
과, 경제 규모 면에서 세계 10위, 11위를 차지하고 있다는
지금을 비교할 수는 없는 거니까. 도대체 경제 선진국의
문턱에 도달해 있다는 상황에서 어떻게 저런 일들이 발생

할 수 있는지 이해가 안 돼.

|진호| 지금의 노숙자 문제는 1990년대 후반에 시작된 경제 위기와 관련이 있다고 하잖아. 왜, 너도 1997년 후반부터 태국, 인도네시아, 러시아와 같은 나라들처럼 우리나라도 사상 초유의 외환위기를 겪었다는 거 알지? 국내에 투자된 돈(미국 달러)이 갑자기 대규모로 빠져나가면서 중앙은행의 외환 보유고가 바닥나버리는 사태 말이야. 다른 나라들처럼 우리나라 역시 경제발전을 위해 상당액의 외화를 외국으로부터 빌렸거든. 돈을 빌렸으니까 빌린 돈에 대한 일정한 비율의 이자를 계속 갚아나가야 하잖아. 만약 그렇지 못하면 채무불이행국이 되어 대외 신용을 잃을 테니까. 그러기 위해서는 일정액의 외환을 계속 보유하고 있어야 하지.

|은혜| 그래, 그러니까 국제통화기금IMF^{International Monetary Fund}*의 금융 지원을 통해 문제를 해결하려고 했던 거고.

|진호| 맞아. 하지만 국제통화기금은 금융 지원을 하는 대가로

Ⴠ국제통화기금

국제적인 통화 협력 보장과 환율 안정, 국제 유동성을 확대하기 위해 설립한 국제 금융기구. 1944년의 브레턴우즈 협정에 따라 그 이듬해 설립되어, 1947년 3월부터 업무를 개시했고, 2004년 현재 184개국이 가입돼 있다. 제2차 세계대전 후 세계의 외환을 안정시켜 국제간 무역 확대와 경제발전에 기여했으나, 미국 달러를 중심으로 한 금환본위제(金換本位制) 성격을 띠고 있어 국제 유동성과 미국의 국제수지 사이의 불균형을 초래하는 문제가 있다.

우리나라 경제에 강력한 조정을 요구했지. 경제 회생을 위한 조치들을 취하라고.

|은혜| 빌려준 돈을 신속히 회수해야 할 필요가 있는 국제통화기금 입장에서는 채무국의 경제를 안정화시킬 필요 조치를 요구하는 것이 어쩌면 당연한지도 모르지.

|진호| 그럴까? 어쨌든 우리나라 정부는 돈을 빌리는 대신, 금융기관과 기업을 필두로 국내 경제의 대대적인 변화를 꾀해야 했었지. 지금의 노숙자 문제의 원인이 되는 대규모 실업은 그러한 변화의 부정적 부산물의 하나라고 생각해. 물론 그러한 변화를 통해 우리나라 경제의 체질을 개선할 수 있었다는 긍정적 효과도 인정해야겠지만······.

|은혜| 근데 말이야, 그 당시 달러의 유출을 정부가 막을 수는 없었을까? 한 나라와 그 나라를 대표하는 정부에게는 그러한 권리가 당연히 있는 거 아냐? 우리도 배웠잖아. 모든 국가들은 주권국가라고. 주권이란 대외적인 간섭 없이 자국의 모든 사회 부문의 결정들을 독립적으로 할 수 있는 권리잖아.

|진호| 원칙은 그렇지만, 현실은 달라. 특히 1980년대 중반부터의 세계경제 현실에서는 더더욱 힘든 일이 되었다고 하거든.

|은혜| 1980년대 이후의 세계경제에서 무슨 일이 일어났는데?

|진호| 1980년대 중반부터 세계경제는 자유무역의 원리를 강화시키는 방향으로 변화하게 되거든. 자유무역이 뭐야? 국가와 정부의 간섭을 가능하면 줄이고 시장의 원리에 따라 국제교역을 하게 될 때 최대의 경제적 효과가 발생한다는

원리잖아.

|은혜| 자유무역으로 변화한 것이 뭐가 어떻다는 거니? 자유무역과 자국경제에 대한 정부의 통제력 약화가 무슨 상관이 있는데? 자유무역은 각각의 나라들이 값싸고 질 좋은 상품들을 만들어 교환함으로써 서로 이익을 보게 해주는 긍정적 원리 아니니? 우리나라의 경제발전 역시 그러한 자유무역의 원리 속에서 가능했다고 들었는데.

|진호| 그런데 지금의 자유무역 흐름은 지난 시절하고는 근본적으로 다르다고 해. 지금은 국내의 사회경제에 대한 국가와 정부의 개입 가능성이 원천적으로 어려워지고 있는 상황이라고 하잖아. 그리고 지금의 자유무역은 상품만이 아니라 사람과 돈을 포함해, 가능하면 모든 것들을 국가와 정부의 간섭 없이 자유롭게 교역되도록 하는 제도들의 뒷받침이 되고 있거든.

|은혜| 우리나라의 외환위기 역시 그렇게 설명할 수 있다고 하는 거니? 지금의 자유무역 원리가 강화되면서 나타난 결과라는 거지? 우리나라가 1990년대 중반부터 자유무역의 세계경제에 적극적으로 편입되기 위한 노력을 기울였다는 사실을 떠올리니 네 말이 맞는 거 같구나.

|진호| 물론, 세계경제에 적극적으로 참여함으로써 우리가 얻은 이익을 무시할 수는 없지. 하지만 지난 외환위기를 돌이켜보면 국가와 정부의 통제력이 사라지는 자유무역의 세계경제가 과연 바람직한 건지 다시 한 번 생각하게 해.

|은혜| 그래. 우리 나중에 경제, 교역, 국가, 정부 등의 관계에 대

해 더 얘기해보도록 하자.

|진호| 은혜야, 영화 어땠어?
너무 끔찍하더라. 상상하기도 싫어. 근데 정말 그런 일들이 일
어나게 될까?

|은혜| 글쎄, 전혀 허구일 것 같진 않아. 너도 알다시피, 요즘 전
세계적으로 갖가지 기상이변이 많이 일어나잖아. 엄청난
폭설이 내리기도 하고, 견디기 힘들 정도의 폭염도 있었
잖아. 몇 해 전 프랑스에서 폭염으로 수많은 인명 피해가
발생했다는 기사도 봤어.

|진호| 얼마 전 미국 뉴올리언스를 폐허로 만든 허리케인 카트리
나도 그 예가 되겠다. 근데 우리나라 역시 그런 기상이변
으로부터 예외는 아니라고 하잖아.

|은혜| 그런데 더 큰 문제는 말이야, 그런 기상이변이 천재지변
이라기보다는 인재라는 데 있는 것 같아. 많은 나라들이
앞 다투어 경제개발에 전력투구하고 있고 그 결과 지구
온도가 상승하는, 온난화 현상이 나타나고 있다고 해. 지
금의 자연재해는 그러한 현상의 직접적 결과라고 하거든.
지금처럼 모든 나라들이 개발 경쟁에만 몰두하다가는 언
젠가 그 영화 속과 같은 대재앙이 초래될 수도 있을 것 같
아. 당장 내일은 아니더라도 곧 닥칠 수 있는 일이란 뜻의
영화 제목〈The Day After Tomorrow〉처럼 우리에게 경

종을 울려주는 것 같아.

|진호| 정말 재앙의 세계화란 말이 실감 난다. 그러한 재앙을 막기 위한 노력이 필요할 텐데……. 그건 몇몇 나라들만의 노력으로는 불가능하겠지?

|은혜| 그러니까 많은 나라들이 모여서 '기후변화협약*'(1992)과 '교토의정서*'(1997) 등 범지구적 차원에서 환경을 보호하기 위한 노력을 기울이고 있잖아.

|진호| 그런데 상황이 그렇게 낙관적인 것만은 아니야. 각 나라들이 협약과 의정서가 지향하는 지구 환경보호 원칙에는 동의하면서도 막상 그 제도들을 시행해야 할 때에는 자국의 이익에 따라 움직이는 모습을 보이고 있기 때문이지.

|은혜| 하지만 이제 환경 문제는 한 나라에 국한된 것이 아니잖아. 당장 자기 나라에 영향을 미치지 않는다고 해서 눈감을 수는 없는 문제일 거야. 당장 동남아시아에서 발생한

기후변화협약과 교토의정서

지구의 온난화를 규제하고 방지하기 위한 국제협약으로 정식 명칭은 '기후 변화에 관한 유엔 기본 협약'이다. 이산화탄소를 비롯한 온실가스의 방출을 제한하는 것으로, 대표적인 규제 대상 물질은 탄산·메탄가스·프레온가스 등이다.

교토의정서는 이 기후변화협약의 구체적인 이행 방안을 규정한 것으로 1997년 12월 일본 교토에서 개최된 기후변화협약 제3차 당사국 총회에서 채택되었으며, 여섯 가지 온실가스의 감축 목표와 일정, 의무이행 당사국과 대상국 등의 선정 등의 내용을 담고 있다. 미국은 전 세계 이산화탄소 배출량의 28퍼센트를 차지하고 있지만, 자국의 산업 보호를 위해 2001년 3월 탈퇴했다.

지진해일(쓰나미)이 그러한 현실을 잘 보여주잖아. 자기의 이익을 줄여서라도 지구적 목표 아래에서 움직일 필요가 있을 것 같아. 이상적인 애기로 들릴지는 몰라도.

|진호| 원칙과 현실적 이익 간의 갈등을 효과적으로 조정하는 해결책이 필요할 것 같아. 하지만 이런저런 상황을 보자면 그 해결책을 찾기가 결코 쉽지 않을 거야. 환경 위기와는 다른 예가 될 수도 있지만 유럽연합 회원국들 간에 자국의 노동시장 개방에 상호합의가 이루어졌음에도 실제로 프랑스 같은 나라는 그 원칙을 실천하는 데 주저하거든.

|은혜| 하지만 환경 위기를 포함해, 아프리카의 기근과 같이 국제적 노력을 필요로 하는 문제들을 해결하기 위해 정기적으로 국가 간 회담이 열리잖아. 최근 스위스 다보스에서 열린 '다보스 포럼'같은 것도 그중의 하나고 그런 움직임들을 보면 상황을 너무 비관적으로 보는 것도 문제 같은데.

🌱 후쿠시마 원전 사고

2011년 3월 11일 일본 동북부 지방에서 발생한 규모 9.0의 대지진과 쓰나미가 인접한 해변에 위치한 후쿠시마 원전에까지 영향을 미치며 다량의 방사성 물질이 누출된 사고이다. 당시 전원 공급의 중단으로 원전의 냉각장치가 작동을 멈추면서 일어난 수소폭발로 다량의 방사성 물질이 누출되었다. 뿐만 아니라 냉각장치를 대신하여 냉각수 대신 뿌린 바닷물은 방사성 물질이 포함된 채 바다로 유입되면서 해양 오염으로까지 이어졌다.

이 사고 이후 후쿠시마 원전 주변에서는 요오드, 세슘 등의 방사성물질이 검출되었고, 이 방사성물질은 편서풍을 타고 전 세계로 확산되며 미국, 유럽, 중국은 물론 우리나라에서도 검출됐다.

|진호| 나도 네 말에 일부분은 동의해……. 그렇다면 선진국 정
상이나 고위 관료들의 회담 장소에 전 세계에서 온 수많
은 사람들이 집결해 회담 반대 시위를 하는 건 어떻게 생
각하니? 네 말대로 그 회담이 정말 자국의 이익을 떠나 범
지구적 가치를 실현하기 위해 모인 자리라면 그들이 그렇
게 반대 시위를 해야 할 이유가 없잖아.

|은혜| 그럼, 선진국 정상과 고위 관료 회담이 궁극적으로는 자
국의 이익 추구만을 위해 개최되는 것으로 이해해야 하
니? 그렇진 않잖아.

|진호| 그렇게 이분법적으로 생각해서는 안 될 것 같고. 다만 내
얘기는 여러 가지 국제적 문제들 앞에서 그것들을 해결하
기 위해 모든 국가가 자국의 이해관계를 접고 대국적 자
세로 만나는 것이 바람직하겠지만 그렇게 되지 못하는 현
실도 생각해야 한다는 거지.

|은혜| 나도 알아. 하지만 그러한 이상과 현실의 차이를 극복하
려는 노력을 게을리 해서는 안 된다고 생각해.

　앞의 두 상황은 세계화를 바라보는 두 가지 주된 시각을 제시
하고 있다. 먼저 상황1은 세계화의 본질이 경제 부문의 통합과
그로 인한 빈곤의 확산에 있다는 시각을 보여주고 있다. 이러한
시각은 세계화에 맞서 싸워야 한다는 논리로 자연스럽게 나아간
다. 한편 상황2에서는 경제 문제가 아니라 환경을 포함, 전 지구
적 차원의 위기를 해결하기 위한 범세계적 협력이 세계화의 본
질임이 강조되고 있다. 이러한 시각에 따르면 세계화는 위기를

초래하기도 하지만 국가 간 협력을 위한 기반들도 제공하기 때문에 너무 비관적인 예측에 사로잡힐 필요는 없을 것이다. 오히려 근본적인 사고의 전환이 필요할 것으로 보인다.

　이 두 시각 중에서 어느 것이 더 정확하게 세계화의 현실을 보여주고 있을까? 자, 이제부터 세계화의 주요 측면들을 살펴보면서 이에 답해보기로 하자.

Chapter 2

Pierre Bourdieu

만남

MEETING

Anthony Giddens

세계화란 무엇인가?

국제사회는 많은 나라들로 이루어져 있다. 이 나라들은 여러 가지 필요 때문에 다른 나라들과 관계를 맺고 교류를 하고 있다. 여기서 필요란 어떤 것일까? 외부의 위협으로부터 안전을 지키기 위해 서로 도움이 된다고 판단하는 나라끼리 정치·군사적 협력관계를 맺을 수 있다. 또한 무역을 통해 각 나라들은 자신들이 필요로 하는 물건들을 구입할 수 있을 것이다. 말할 것도 없이 국가 간 교류는 정치·군사·경제를 넘어, 교육·문화·의료 부문 등 다방면에 걸쳐 이루어지고 있다.

그런데 국가 간의 이러한 교류 관계가 반드시 필요할까? 필요한 모든 것을 자신의 영토 내에서 자급자족할 능력이 있는 국가가 있다면, 그 나라는 애써 국제교류에 참여할 필요가 없을 것이다. 하지만 대부분의 나라들은 자급자족 능력을 보유하고 있지 못하기 때문에 각자의 필요를 충족시키기 위해 국제교류에 참여하고 있다.

역사적으로 볼 때 국가 간 교류는 그 규모와 방식에서 상이한 모습을 보여왔다. 자국 고유의 물질적·정신적 가치를 보호하는 것이 가장 중요한 일로 인식되던 시대의 국제교류는 제한적이고 부분적으로 이루어졌다. 반면 국가 간 교류가 확대되면 될수록 그 교류에 참여하는 국가들이 더 많은 이익을 얻게 된다는 믿음이 깔려 있던 시대에는 앞의 경우와는 달리 상당히 큰 규모의 국제교류가 이루어졌다. 19세기 후반 이후, 막강한 생산력과 군사력을 바탕으로 아프리카와 아시아 여러 나라에 강제로 들어가 그 나라의 자원과 인력을 무제한적으로 약탈해갔던(엄격히 말해 이는 교류라기보다는 착취인 것이다) 이른바 '제국주의'시대를 제외하자면 국가 간 교류의 역사는 대체로 위의 두 원리를 따라 지속적으로 전개되어왔다고 해도 좋을 것이다.

국가 간 교류가 지속적으로 이루어지고 그 속에서 국가 간 의존도가 증대하는 현상을 '국제화internationlization'라고 한다. 사전적인 의미에서 국제화란 "한 나라가 정치·경제·문화·환경적으로 다른 여러 나라와 교류하는 것"을 뜻하는데, 그 규모와 정도는 다를지라도 세계는 아주 오래전부터 국제화를 경험하고 있는 것으로 보인다. 그런데 우리는 국제화란 말보다 '세계화globalization'라는 말로 지금의 국제사회 움직임을 이해하고자 한다. 국제화의 정의定意에 비교할 수 있는 세계화의 정의는 어떻게 내릴 수 있을까? 국제화와 세계화를 구분하는 기준은 무엇인가? 과연 어떤 면에서 국제화라는 말보다 세계화라는 말이 현재의 국제 상황의 이해에 더 유용한 것인가?

국제사회에서 세계화란 용어가 본격적으로 사용되기 시작한 때는 그리 먼 과거로 거슬러 올라가지 않는다. 한 조사에 따르면 그 용어는 1980년대 중반 시어도어 레빗^{Theodore Levitt, 1925~2006}이 당시의 새로운 국제경제 현상을 설명하기 위해 처음으로 사용했다고 한다. 범세계적 기업 시대의 도래를 예측하면서 레빗이 쓴 '시장의 세계화^{globalization of markets}'란 용어가 현재 사용되는 세계화의 시초라고 하는데, 이를 통해서도 볼 수 있듯이 애초에 세계화는 국제경제의 변화와 밀접한 관련을 갖는 용어로 등장한 듯하다. 여기서 세계화는 경제 주체로서의 기업이 한 나라, 또는 두세 나라가 아니라, 모든 나라를 하나의 무대로 해서 활동하는 현상을 지칭하기 위해 사용되었다. 그런데 그러한 현상이 국제화와 정말 다른 모습인가? 과거에도 다국적기업 등이 전 세계를 무대로 활동하지 않았는가? 여기서 우리는 세계화와 국제화 간의 근본적인 차이는 국가 간 경계가 얼마나 효과적으로 기능하는가에 있다는 점을 주목해야 한다. 지금의 세계화는 외형상 국제화와 비슷할지 몰라도 본질적으로는 국가 간 경계가 거의 의미를 상실하고 있음을 반영한다. 그런 면에서 경제의 세계화는 각 나라의 경제적 차이와 고유성이 사라지면서 모든 나라의 경제가 단일한 모양을 갖추게 됨을 의미한다. 그런데 지금은 경제만이 아니라 정치·문화·환경·교육 등 거의 모든 사회 부문이, 국가 간의 차이를 희미하게 하면서, 하나로 통합되어가는 양상을 보이고 있다. 이제 세계화라는 용어는 보편적인 의미를 확보하고 있는 중이다.

그런데 어떤 이들은 과거에도 지금과 유사한 세계화 현상이 있었다고 말한다. 언제 그러한 현상을 경험했을까?《렉서스와 올리브나무 : 세계화는 덫인가, 기회인가?The Lexus and the Olive Tree》(1999)의 저자 프리드먼Thomas L. Friedman, 1953~에 따르면, 세계는 1800년대 중반부터 1920년대 후반 사이에 지금과 같은 세계화 현상을 경험했다. 당시의 국제사회를 살펴보면 우선, GNP 대비 국제무역 규모와, 자본 흐름 또는 인구 대비 노동력의 국가 간 이동 수치 면에서 지금의 세계화와 유사한 측면을 보이고 있었을 뿐만 아니라, 환율을 통제할 수 있는 정치적 통제 수단이 없었기 때문에 국제 금융 위기의 가능성이 상존했고, 국가 간의 인력 이동을 규제할 수 있는 제도적 장치가 부재한 상태였다는 것이다.

분명 이는 현재의 세계화 현상과 매우 흡사한 것으로 보인다. 하지만 프리드먼도 지적하고 있듯이 과거의 세계화와 현재의 세계화는 몇 가지 점에서 차이가 있다. 먼저, 현재의 세계화는 거의 대부분의 개발도상국과 후진국을 포함하고 있기 때문에 과거보다 한층 더 대규모로 전개되고 있다는 점이고, 둘째는 엄청나게 발전한 통신 수단에 힘입어 지금의 세계화는 과거보다 훨씬 더 큰 규모의 치밀한 정보 네트워크에 기반하고 있다는 점이다. 셋째로 국가 간 상호협력이 필요한 분야가 더 많아지고 다양해졌다는 점이다. 과거에는 주로 정치·군사·경제 부문의 협력이 주를 이루었다고 한다면 현재는 환경을 필두로 문화와 교육 등의 부문에서 협력의 비중이 증대되고 있다.

자, 이제 현재 전개되고 있는 세계화가 언제부터, 어떤 움직임들에 의해 형성되기 시작했는가를 살펴보기로 하자.

지금의 세계화가 형성되는 데는 여러 변화들이 개입하는데 먼저 지적해야 할 것으로는 미·소 냉전체제^{Cold war system}의 변화다. 잘 알다시피 1945년 2차 세계대전이 종결된 이후 국제사회는 '양극체제^{Bipolar system}'라는 새로운 모습을 만들어나간다. 양극체제란 글자 그대로 세계를 지배하는 축이 둘이라는 뜻으로 그 둘은 말할 것도 없이 미국과 소련이라는 초강대국이었다. 그런데 미국과 소련은 서로 정반대의 이데올로기를 신봉하고 있었다. 미국의 경우에는 반공적 자유주의^{anti-communistic liberalism}라는 정치 이념과 자본주의 경제 이념을 신봉하고 있던 반면에, 소련은 반미주의^{anti-Americanism}와 공산주의라는 이념을 굳건히 하고 있었다. 그 밖의 나라들은 미국을 중심으로 하는 자본주의 블록과 소련을 축으로 하는 공산주의 블록 중 어느 하나에 속해야 했다. 이는 서방 강대국의 식민지였다가 독립한 신생국가들의 경우에도 예외일 수 없었다. 우리나라의 휴전선과 독일의 베를린 장벽은 미·소 양극체제의 상징이었다. 그 양극체제는 여러 정치·외교상의 변화 속에서 상대적으로 약화되는 모습을 보이기도 했지만 적어도 1980년대 중반까지는 그 전체적 뼈대를 유지하고 있었다.

그러나 양극체제는 1980년대 중반 서서히 약화되는 조짐을 보이기 시작한다. 그러한 변화의 첫째 징후는 먼저 소련에서 나타났다. 1985년 국가권력을 장악한 당시 소련 공산당 서기장이었던 고르바초프^{Mikhail S. Gorbachyov, 1931~}는 소련 경제의 재도약이라는 목표를 달성하기 위해 '페레스트로이카^{Perestroika, 개혁 *}'와 '글라스노스트^{Glasnost, 개방}*'를 추진한다. 그 결과 중앙 집중화된 권력구조가 지방으로 분산되고, 시장경제가 점진적으로 도입되며, 서구 진영과 외교적인 유화 국면이 만들어지면서 대변혁의 국면으로 접어들게 된다.

그런데 이러한 소련 내부의 변화는 궁극적으로 양극체제의 붕괴로까지 이어지게 된다. 중요한 사실은 정치·군사·외교적 차원에서 소련의 영향력하에 있던 위성국가들과 자치정부들이 소련 내부의 변화를 틈타 정치적 독립과 개방체제로의 이행을 주장하고 자발적으로 그것들을 실현해나갔다는 점이다. 소련으로서는 그러한 움직임들을 통제할 여력을 갖추지 못했다. 이는 2차 세계대전 이후 형성된 소비에트 블록의 해체를 의미하는 것이었다. 그리고 1989년 베를린 장벽의 붕괴는 미·소 양극체제의 종

Ψ 페레스트로이카

1985년 소련 공산당 당서기장에 선출된 고르바초프가 선언한 사회주의 개혁 이데올로기. 개인의 창의성을 소멸시키고 극도의 계획경제 체제를 추구한 스탈린주의에 대한 반발에서 시작됐다. 페레스트로이카는 개인의 자유를 확대해 개인과 국가 및 사회와의 관계를 재규정했으며, 종전의 국가 독점 소유에서 국가 소유, 협동조합 소유, 개인 소유 등으로 소유 형태를 세분화했다.

Ψ 글라스노스트

고르바초프가 내세운 정보공개 정책. 표현의 자유와 알권리가 확장돼 종래에 반소적(反蘇的)이라는 이유로 금지됐던 파스테르나크(Boris L. Pasternak, 1890~1960), 솔제니친(Aleksandr I. Solzhenitsyn, 1918~) 등의 문학 작품과 영화·연극 등이 공개되고 언론의 자유의 범위도 확대됐다. 또 스탈린 시대의 진실도 밝혀지고 현상황에 대해 비판하는 발언 등의 보도도 이루어졌다.

말을 알리는 사건이었다.

양극체제의 한 축이 붕괴됨에 따라 이제 국제질서는 유일한 초강대국으로 남은 미국을 중심으로 새롭게 재편되기에 이른다. 그렇게 만들어진 새로운 국제체제는 자유주의와 자본주의를 이념으로 삼는 미국 주도하의 패권覇權 체제의 모습을 갖춘다. 미국 정치학자 후쿠야마Francis Fukuyama, 1952~는 논문 〈역사의 종말?The End of History?〉(1989)을 통해, 공산주의와의 대결에서 이룩된 미국의 자유주의와 자본주의의 승리를 사상적으로 정당화했다. 이러한 미국의 패권은 1991년 걸프전쟁 이래, 2001년 아프가니스탄전쟁, 2003년 이라크전쟁을 통해 적나라하게 드러난다.

이러한 미국의 패권주의는 정치·군사 부문을 넘어 경제 부문으로까지 확대된다. 미국은 정치·군사 부문에서 그러했듯이 경제 부문에서도 경쟁과 개방의 원리를 바탕으로 하는 범세계적 자본주의 경제체제를 만들고자 했다.

2차 세계대전이 종결될 무렵인 1944년 7월, 새로운 강대국으로 부상하기 시작한 미국을 중심으로 연합국들은 미국의 브레턴우즈Bretton Woods에서 전후 새로운 자본주의 경제질서 구축을 위한 회의를 개최한다('브레턴우즈 회의'). 이 회의를 통해 전후의 서방 자본주의 경제를 관장할 제도들로 '관세 및 무역에 관한 일반협정', 즉 GATTGeneral Agreement on Tariffs and Trade와 국제부흥개발은행(IBRD, 일명 세계은행) 및 IMF 등이 수립된다. 먼저 GATT는, 자국 상품의 보호와 경쟁력 강화를 위해 사용되는 관세 및 비관세 보호 장치(수입 물량의 제한과 수출 보조금 제도)를 규제하고 차별 없는 무역의 장려를 통해 국가 간 자유교역을 증진시키기 위해 마련된 협정이다. 그리고 IBRD는 주로 개발도상국들의 경제개발에 필요한 자금을 지원하는 기관이며 IMF는 외환(달러)의 안정적 유지에 필요한 자금을 제공하는 기관이다. 서방 자본주의 국가들은 이 제도들을 통해 국가 간 교역의 활성화를 꾀하고, 개발도상국들의 경제 수준을 높여 새로운 성장 잠재력을 확보하며, 지속적이고 안정적인 교역의 재정적 기반을 확립한다는 목표에 합의했다.

1948년 발효 이후 GATT는 가입국 수를 늘려나가면서 한층 더 포괄적이고 강화된 협정체제를 만들어나가는데, 이는 1979년 도쿄 라운드에 이르기까지 총 7차례의 라운드를 통해 이루어진다. 1993년 12월에 종료되기까지 7년 이상 진행된 우루과이 라운드는 이러한 방향에서 개최된 GATT의 8번째 다자간 무역 협상이었다. 그런데 이 우루과이 라운드는 몇 가지 점에서 기존의 라운드와는 근본적으로 다른 의미를 갖는다. 먼저, 우루과이 라운드에 참여한 국가의 수가 125개국으로 과거의 다른 어떤 라운드보다 많았으며, 기존의 다자간 무역협상 대상에서 제외되었던 부문들, 즉 농산물·금융·정보통신·지적 재산권 부문들까지 협상 대상에 포함됨으로써 거의 대부분의 재화와 서비스 부문들이 보호장벽 없는 무차별적 자유교역의 대상이 되었다는 점이다. 아울러 우루과이 라운드 결과, 상대적으로 느슨한 협정 수준에 머물렀던 GATT를 대체할 세계무역기구World Trade Organi-zation, WTO가 1995년 1월 1일에 창설되면서 자유무역을 위한 보다 강력한 관리 제도가 마련되었다는 점을 지적해야겠다. 이후 WTO 아래에서 2001년 11월의 '도하 라운드'를 비롯해 새로운 다자간 무역협상들이 전개되고 있는데 이러한 협상들은 궁극적으로 '모든' 재화와 용역들이 '장벽 없는 자유경쟁'이라는 단일의 보편적인 원리 아래에서 교역되는 것을 목표로 한다.

1980년대 중반 이후 국제사회에서 주목할 만한 또 하나의 현상으로서는 정보와 커뮤니케이션의 세계화를 들 수 있다. 정보와 커뮤니케이션 세계화란 국가, 사회, 개인의 고유한 정보들이 시공간의 한계를 넘어 전 세계적으로 자유롭게 교류되는 것을 의미한다. 사람들은 언제 어디서든지, 누구와도 자유롭게 다양한 정보에 접근하고 의사소통할 수 있게 되었다. 이러한 범세계적 정보교류가 가능해진 것은 전 지구적 차원의 통신과 방송 네트워크가 형성되었기 때문이다. 인터넷Internet은 전 지구적 통신 네트워크의 대표 주자라고 할 수 있다. 인터넷은 컴퓨터 기술과 정보통신 기술의 발전 및 그 두 기술을 융합한 결과다. 19세기 초반 초보적 형태의 계산기로 출발해 무한한 정보처리 능력을 보유한 첨단 기기로 성장한 컴퓨터가 엄청난 용량의 정보를 신속하게 전송할 수 있는 통신망과 결합하면서 컴퓨터 네트워크의 기술적 기반이 형성될 수 있었다. 나아가 개개인이 소유할 수 있는 소형 컴퓨터(PC)가 1981년 IBM에 의해 개발·보급되고 컴퓨터 네트워크가 지역과 국가를 넘어 전 세계적인 규모로 확장되기에 이르면서 인터넷은 전 세계를 아우르는 보편적 커뮤니케이션 수단이 되었다. 한편, 1960년대 중·후반부터 본격적으로 개발되기 시작한 위성 기술이 방송과 결합하면서 이제 방송은 전 지구적 서비스로서 그 모습을 갖추어가고 있다. 전통적으로 방송은 국가의 영토적 경계를 넘어서지 않는 서비스였다. 다른 나라의 방송을 자유롭게 시청하는 것은 기술적으로나 제도적으로나 불가능한 일이었다. 하지만 지금은 위성 기술을 통해 다른 나라들의 방송 역시 자유롭게 시청할 수 있게 되었는데, 바야흐로 세계를 아우르는 보편적 방송 서비스의 길이 열리고 있다.

이러한 커뮤니케이션 환경은 국가 대 국가, 지역 대 지역, 개인 대 개인 간의 정보교류와 의사소통이 세계적 차원에서 이루어지는 기반을 마련해주고 있다. 한 나라와 지역에서 발생한 이슈와 사건들은 공간적 제약을 넘어 거의 실시간으로 다른 나라와 지역으로 전송되고 있으며, 개인들 역시 다른 나라와 지역에 거주하는 사람들과 자유롭게 의사소통할 수 있게 된 것이다. 캐나다의 미디어학자 매클루언Herbert M. McLuhan, 1911~1980(우리나라에서는 '맥루한'이란 이름으로 알려져 있다)이 말하고 있는 '지구촌global village *'이 현실로 다가오고 있는 듯이 보인다.

그런데 현재의 세계화는 정치, 경제, 정보 부문을 넘어 이슈(문제)의 영역으로 확대되고 있다. 빈곤, 인권 침해, 불법 이민, 자연재해, 생태계 오염, 지역분쟁과 테러 등 현재 국제사회에는 해결해야 할 난제들이 무수히 많은데 이 문제들은 해당 지역과 국가의 힘만으로는 해결되기 어렵고 그 파급효과 역시 해당 지역과 국가를 넘어 확산될 가능성이 크다. 예를 들어보자. 아프리카 빈곤국들의 경우 빈곤 문제를 스스로 해결할 능력이 결여되어 있으며 인권 침해와 불법 이민 및 분쟁에 따른 문제들은 인근 지역과 국가에까지 영향을 미칠 수 있다. 또한 우리가 익히 보고 있듯이 자연재해와 생태계 오염은 그 자체로 특정 지역과 국가를 넘어서는 국제적 문제인 것이다. 그렇기 때문에 범세계적 협력을 통한 집단적 해결이 요구되고 있는 것이다.

국제적 난제들을 효과적으로 해결하기 위해, 현재 여러 종류의 제도와 기구들이 운영되고 있다. 2차 세계대전 이후 창설된 UN과 그 산하기관들이 물론 가장 중요한 협력기구다. 하지만 국제적 차원의 문제들이 늘어나고 한층 더 심각해짐에 따라 다른 형태의 제도와 기구들이 형성되고 있다. G7, G8으로 불리는 '서방 7(8)개국 정상회담', 영향력 있는 정계, 관계, 재계 인사들로 구성된 '다보스 포럼' 등 선진국 정부들이 중심이 된 협력 기구들과 '세계사회포럼', '국제인권연맹', '국제사면위원회', '그린피스', '국경 없는 의사회', '국경 없는 기자회' 등 민간 기구들 역시 주목할 만한 협력체다.

이제 국제사회는 특정 지역과 국가의 경계를 넘어서는 문제들에 대처하기 위해 국가와 정부 차원에서 그리고 민간 차원에서 다층적이고 포괄적인 협력을 만들어내고 있다. 현재 국제관계학에서는 '거버넌스governance' (보통 협치協治로 번역된다)라는 새로운 개념이 등장하고 있는데 이것은 여러 차원의 집단과 기구들의 협

Υ 지구촌

윈덤 루이스(P. Wyndham Lewis, 1882~1957)가 《미국과 우주인(America and Cosmic Man)》(1948)이라는 저서에서 처음 쓴 표현이지만, 매클루언이 자신의 책 《구텐베르크 은하계(The Gutenberg Galaxy: The Making of Typographic Man)》(1962)에서 쓴 것이 세계적으로 알려지게 된 계기가 됐다. 매클루언은 미국에 방송된 베트남전쟁 실황을 보면서 전자 매스미디어가 인간사회의 시공간의 경계를 무너뜨려 이제 지구는 하나의 마을처럼 변했다는 뜻으로 사용했다.

력을 통한 문제해결이라는 새로운 현상을 지칭하는 개념이다.

세계화가 왜 문제인가?

우리나라 헌법 제1조, 2조, 3조는 대한 민국 국가 성립에 필요한 3대 요건, 즉 국민, 영토, 주권을 명시하고 있다.

국민들 대다수는 국가의 영토 안에서 거주하고 있고, 정부(행정부와 의회)는 국민들이 살아가는 데 필요한 다양한 재화와 서비스를 만들어내야 할 의무를 진다. 정부 정책은 국민들이 삶을 안정적으로 유지해나가도록 여러 재화와 서비스를 보다 효과적으로 만들고 분배하기 위한 조치들이다. 영토 방위에 관련된 군사 정책, 의식주 등 삶을 위한 물질적 기반에 관한 경제 정책, 보다 나은 삶을 위한 교육, 의료, 문화 정책 등을 예로 들 수 있겠다. 그런데 국가가 국민들을 위해 수행하는 이러한 정책 활동은 철저히 그 나라의 자율적 권한에 속하는 일이다. 말하자면 다른 국가들이 간섭할 영역이 아니라는 뜻이다. 물론 모든 정책들이 그런 것은 아니다. 한 나라의 정책이 다른 나라 국민들의 삶을 위협할 가능성이 있다면 그 정책에 대한 외국의 간섭은 전혀 잘못된 것이 아니다. 한 나라가 타국의 간섭 없이 자율적으로 자국의 정책들을 입안하고 시행할 수 있는 근거는 어디에 있는가? 그것은 그 국가가 '주권主權, sovereignty'을 가진 독립국가이기 때문이다. 대부분의 현대 국가들은 주권은 국민에게 속한다고 규정하고 있는데 그 주권은 헌법이 정한 시간 동안만 정부에게 이양된다. 선거는 특정한 시간동안 주권을 이양하는 과정인 것이다. 주권을 이양받은 정부는 대내적으로는 영토 내의 모든 일들을 관장할 최고의 권력체가 되고 대외적으로는 자국의 독립과 자율을 보장하는 대표가 된다.

독립 주권국가는 아주 오랫동안 국제질서를 유지해온 가장 중요한 원리였다. 지구상에 존재하는 여러 나라들은 군사력, 인구, 영토 등에서 다 다르다. 강대국이 있고 약소국이 있으며 강소국이 있다. 그런데 이렇게 달라도 단 한 가지 면에서는 완전히 똑같다. 그것은 이 나라들 모두가 주권을 가진 독립국가라는 점이다. 따라서 아무리 강대국이라도 약소국의 영토를 정당한 사유 없이 함부로 침범해서는 안 된다. 왜냐하면 영토는 국가의 주권이 도달하는 물리적 공간이기 때문이다. 만약 아무런 이유 없이 다른 나라를 침범한 나라가 있다면 그 나라는 독립 주권국가의 원리를 지키지 않았기 때문에 국제적 비난을 받게 될 것이다.

그동안 지구상의 모든 나라들은 이러한 원리의 보장 아래에서 각각 자국의 국민들을 위한 정책들을 시행해왔다. 그 정책들은 온전히 국가 내부의 자율적인 결정 사항이었다. 물론 외부의 영향력이 없는 것은 아니지만 그것은 언제나 주변적이고 부수적인 것이었다.

그런데 세계화의 시대 속에서 그러한 독립 주권국가의 원리가 흔들리고 있는 것을 우리는 보고 있다. 한 나라가 자국의 취약한 산업 경쟁력 강화를 위해 재정 지원을 한다고 하자. 그것은 그 국가의 고유한 권한이었다. 그런데 지금은 마음대로 그렇게 할 수 없다. 이는 공정한 경쟁이라는 자유무역의 원리에 위배되는 것으로 WTO의 제재를 받을 수 있는 대상이다. 또한, 식량이나 의료 부문에 대해서도, 국민들의 생존에 결정적인 영향을 미치는 부문이기 때문에 정부의 힘으로 보호하고 싶지만 그럴 수가 없다. 왜냐하면 정부의 개입은 공정경쟁에 위배되기 때문이다. 국내의 식량과 의료 부문은 자유경쟁의 원리에 의해 외국으로부터 오는 식량, 의약품, 의료 기술과 경쟁해야 한다. 이 과정에서 경쟁력 약화로 국내 산업 기반이 무너져도 할 수 없다. 외국을 탓할 것도 없다. 왜냐하면 국제 무역규범에 따라 공정한 경쟁을 한 결과이기 때문이다. 그렇다면 어떻게 해야 하는가? 경쟁력이 없는 부문은 과감히 포기하거나 외국으로 팔아버리고 경쟁이 가능한 부문에 대해서만 힘을 기울여야 한다. 생산성을 높이고, 임금 압력을 줄이며, 효율성을 높일 수 있는 경쟁적인 민영체제로 나아가야 한다. 이 과정에서 경쟁력, 생산성, 효율성에 부합하지 않는 인력은 과감하게 퇴출시켜야 할 것이다. 퇴출은 실업을 의미한다. 남아 있는 사람이라고 해도 언제 퇴출될지 몰라 불안하기 그지없다.

한 국가의 정책과 산업이 정부에 의해 자율적으로 관장되지 못하고 외국의 영향력에 놓여 있고 그로 인해 부정적인 결과가 초래되는 이러한 현상은 소설 속의 이야기가 아니다. 이는 우리나라를 포함해, 다른 많은 나라들이 겪고 있는 사회적 실상이다. 물론, 그 나라의 자율적 결정만이 늘 옳은 것은 아니다. 다른 나라와의 협력과 지원을 통해 보다 나은 결정이 이루어질 수 있기 때문이다. 하지만 외부의 영향력으로 인해 자국 경제와 국민의 삶이 피폐해진다면 그것은 결코 바람직한 모습이 아닐 것이다.

지금의 세계화를 부정적으로 바라보는 사람들은 세계화의 이러한 측면들을 보고 있다. 이들은 '세계화의 덫', '도둑맞은 세계화', '세계화와 그 불만', '허울뿐인 세계화', '세계 없는 세계화'를 외친다. 이 책에서 다루게 될 부르디외는 이 지점에 서 있다. 이들은 지금의 세계화를, 진정한 의미의 세계화와 대비되는 개념으로, '신자유주의 세계화neo-liberal globalization'로 규정한다. 진정한 의미의 세계화가 각 나라들이 자신들의 고유한 색깔을 지니면서 동등하게 통합되는 것이라면 신자유주의 세계화는 미국의 주도에 의해, 미국의 군사력·경제력·문화력을 통해, 미국의 이익을 관철하기 위한 왜곡된 세계화라고 한다. 이 세계화는 경쟁이 가장 바람직한 결과를 만들어낸다는 자유주의의 원리를 따라 모든 부문을 경쟁의 원리로 몰아가는 세계화다. 이들에 따르면 신자유주의 세계화를 외치는 사람들은 세계가 하나로 통합되면 지난 시절의 갈등과 대립으로부터 벗어나 조화롭고 균형적인 모습을 갖춘 국제사회가 될 것이며, 정치·경제·문화·정보 부문 등에서 국가 간의 자유로운 교류와 협력이 이루어져 평화롭고 질서 있는 세계가 도래할 것이라고 주장하지만 사실상 그것은 환상에 불과한 것이다. 왜냐하면 현재의 세계화는 경쟁과 적자생존의 원리를 근간으로 하고 있기 때문이다. 그 원리는 모든 사람을 위한 평화의 질서를 만들어내기보다는 승리한 자와 패배한 자 간의 양극화를 만들어낸다. 세계화는 강대국들에게는 부와 풍요를 약속하지만 약소국들에게는 빈곤, 복지 감소, 실업, 생존의 위기만을 양산한다는 것이다.

그런데, 세계화를 이렇게 부정적으로만 보는 시각을 비판하는 사람들이 있다. 이들은 부르디외를 포함해 반(反)세계화론자들의 세계화 이해는 너무 단편적이라고 한다. 이들에 따르면 세계화는 국가 간 새로운 경제 관계에 국한된 현상이 아니라 가족 관계, 혼인 관계, 남녀 관계 등 사회문화적 영역으로까지 파급된 현상이다. 세계화는 심지어 인간의 가치관과 세계관에도 침투하고 있다. 그렇기 때문에 우리는 보다 심오한 방식으로 세계화를 이해해야 필요가 있다. 이러한 논리의 중심에 기든스가 있다.

이들에 따르면 세계화는 양면적이다. 세계화 속에 분명 반세계화론자들이 우려하는 문제들이 도사리고 있음을 부인할 수 없지만 그렇다고 해서 세계화가 어떠한 긍정적 가능성이나 전망을 제시해주지 못하는 것은 아니다. 예컨대, 경제의 세계화로 시장이 확대되어 취업의 가능성이 더 커진다면 그것은 바람직한 모습이 아닐까? 사람들이 싫어하는 분야에 외국의 노동력이 일하도록 한다면 그것 역시 바람직한 일이 아닐까? 또한 각국 국민들이 인터넷을 이용해 자유롭게 의사소통할 수 있다는 것은 지금까지 단 한 번도 상상하지 못한 새로운 현상이다. 이들은 세계화가 자동적으로 그런 희망찬 국제사회를 만들어낸다고는 생각하지 않는다. 오히려 그들은 세계화를 양면적인 성격을 내재한 것으로 본다. 그렇기 때문에 문제는 무조건 세계화를 비판할 것이 아니라 세계화의 어떠한 부분이 부정적이고 어떠한 부문이 긍정적인가, 부정적인 부분을 어떻게 최소화하고 긍정적인 부분을 어떻게 최대화할 것인가를 고민해야 한다고 믿는다. 중요한 것은 어느 한쪽을 택하는 일이 아니라 양쪽 모두를 '성찰'하는 일이다.

🙅 만남 2 ▶ 사회학이란 어떤 학문인가?

프랑스 혁명과 사회학의 태동

프랑스 혁명과 사회학의 태동이 어떤 관계가 있을까? 결론부터 얘기하자면 서구 사회학의 문제의식과 방법론은 프랑스 혁명이 초래한 사회적 충격으로부터 발생한 것이다. 이와 관련해 우리는 사회학의 창시자로 불리는 콩트^{Auguste Comte, 1798~1857}를 언급하지 않을 수 없다. 나중에 자세히 보겠지만 콩트는 프랑스 혁명이 가져온 엄청난 사회적 충격을 어떻게 긍정적인 방향으로 이끌 수 있을까를 고민한 선구적 인물이었다. 프랑스 철학자 생시몽^{Claude Henri de Rouvroy, Comte de Saint-Simon, 1760~1825}의 사상을 계승한 그는 자연과학적 방법론과 과학기술의 진보를 통해 사회 안정과 발전이 창출될 수 있다는 생시몽의 믿음을 실증철학으로 불리는 학문 세계 속에서 구현하고자 했다.

자, 프랑스 혁명에 대해 간단히 살펴보는 것으로 우리의 논의를 시작해보자. 프랑스 혁명은 1789년, 루이 16세^{Louis XVI, 1754~1793}의 통치에 대한 산업가 계급, 다른 말로 표현하자면 부르주아^{bour-geois} 계급의 불만과 저항으로 시작되어 이후 프랑스 사회 전체를 근본적으로 뒤바꾸어놓은 대사건이다. 루이 16세는 거의 파탄 지경에 이른 국가 재정을 회복하기 위한 목적으로 '삼부회'를 소집했다. 이 회의는 성직자의 제1신분, 세습귀족의 제2신분, 부르주아 계급과 신흥귀족을 중심으로 하는 제3신분으로 구분되어 있었다. 막강한 경제력과 계몽주의라는 신흥 이념으로 무장해 새로운 정치, 경제, 사회질서를 꿈꾸고 있는 제3신분에게 기존의 구태의연함을 벗어나지 못하고 있는 삼부회는 투쟁과 전복顚覆의 대상이 될 수밖에 없었다. 실제로 제1신분과 제2신분 어느 누구도 세금을 내야 하는 것에 동의하지 않았을 뿐만 아니라 재무대신의 연설 또한 루이 16세의 치적을 칭송하고 합리화하는 데만 급급했다. 혁명은 제3신분의 대표들이 삼부회가 열리고 있던 베르사유 궁을 뛰쳐나와 근처 운동장에서《인간과 시민에 관한 권리 선언^{*} Déclaration des droits de l'homme et du citoyen》(1789)을 발표한 일로 촉발되고 이어 파리와 지방의 민중들이 왕정 타도를 외치는 봉기로 이어지면서 전국적으로 확산된다. 루이 16세와 그의 지지자들은 혁명 세력을 해체하고 왕정을 지키기 위해 갖은 노력을 다해보지만 철저히 실패하게 되고 결국 루이 16세는 1793년 1월 21일에, 왕비 마리 앙투아네트^{Marie Antoinette, 1755~1793}는 그해 10월 16일에 파리의 콩코르드 광장^{Place de la Concorde}의 단두대에서 처형당하는 사건까지 발생한다. 이렇게 왕의 죽음으로 혁명의 1단계가 마무리되었지만 그럼에도 불구하고 프랑스는 혁명의 확산을 두려워했던 주변 군주국가와 전쟁을 치러야 했으며 또한 혁명을 어디까지 밀고 나가야 하는가를 둘러싸고 온건파와 급진파 간에 내분을 겪을 수밖에 없었다. 이러한 내우외환은 결국 프랑스 정국을 끝을 알 수 없는 혼란과 극단적인 공포의 상황으로 몰아갔다. 프랑스 혁명에 의해 초래된 국가적 위기는 나폴레옹Napoléon I, 1769~1821이 권력을 장악한 이후에야 잠시 종결될 수 있었다. 프랑스 남쪽 지중해의 섬인 코르시카 태생의 나폴레옹은 20세에 혁명을 목도하고 혁명을 지지하는 군인으로 활동한다. 주요한 혁명 지도자들의 총애를 받으면서 승승장구하던 나폴레옹은 강력한 리더십으로 프랑스 정국을 안정화시키고 급기야는 황제의 자리에 스스로 앉게 된다. 나폴레옹은 1814년 몰락할 때까지 내부적으로는 프랑스의 정치와 행정체계를 철저히 개혁했으며, 외부적으로는 나폴레옹의 프랑스에 적대하는 모든 주변 국가와 전쟁을 치러냈다.

나폴레옹은 다른 어떤 나라의 전쟁 기술보다 뛰어난 기술을 구사하면서 승승장구했지만 1812년 겨울 러시아 원정에서 실패한 후 몰락의 길을 걷게 된다. 유럽의 군주국가 연합군에 패배한 나폴레옹이 엘바 섬에 유배되어 있는 동안 유럽의 군주국들은

↗ 인간과 시민에 관한 권리 선언

프랑스 혁명 때 국민의회가 1789년 8월 26일에 결의해 공포한 선언으로 흔히 '인권선언'으로 줄여 부른다. 전문前文 및 17조로 되어 있는데, 인간의 자유와 권리의 평등(1조)과 압제에 대한 저항권(2조), 주권재민(3조), 사상 및 언론의 자유(11조), 소유권의 신성불가침(17조) 등을 담아 인간의 기본권과 시민사회의 정치 이념을 명확히 했다.

프랑스 혁명에서 파리코뮌까지

연도	사건
1789년 5월 5일	삼부회 소집
1789년 7월 14일	바스티유 감옥 습격
1789년 8월 4일	국민의회, 봉건신분제 폐지
1789년 8월 26일	인권선언
1789년 10월 6일	루이 16세 파리 튈르리궁으로 귀환
1791년 10월 1일	입법의회 성립
1792년 4월 20일	프랑스, 프로이센과 오스트리아에 선전포고
1792년 9월 21일	국민공회 성립
1793년 1월 21일	루이 16세 처형
1793년 가을	로베스피에르의 공포정치 시작
1794년 7월 27일	테르미도르의 반동
1794년 7월 28일	로베스피에르 처형
1795년 10월	방데미에르의 반란
1795년 10월 26일	총재정부 출범
1797년 10월	나폴레옹, 이탈리아와 캄포포르미오조약 체결
1799년 11월 9~10일	나폴레옹 쿠데타 일으켜 제1통령 임명됨
1804년 12월	나폴레옹 황제 즉위, 제1제정 시작
1805년 가을	프랑스, 트라팔가르 해전에서 영국 해군에 패배
1812년 겨울	나폴레옹, 러시아 원정 실패
1814년	제1차 왕정 복고, 루이 18세 즉위
1815년	나폴레옹 엘바 섬 탈출
1815년 6월	워털루전투
1815년 6월 22일	나폴레옹, 세인트헬레나 섬 유배
1815년 7월	루이 18세 제2차 왕정 복고
1824년	샤를 10세 즉위
1830년	7월 혁명 결과, 루이 필리프의 7월 왕정 수립
1848년	2월 혁명으로 제2공화정 수립
1851~1852년	루이 나폴레옹 쿠데타, 제2공화정 붕괴, 제2제정 시작
1870~1871년	프로이센-프랑스 전쟁
1871년	파리코뮌

1814년 9월부터 이듬해 6월까지 오스트리아 빈에서 회의('빈 회의')를 개최한다. 당시 이 회의를 주재한 인물이 오스트리아의 외무장관 메테르니히^{Klemens von Metternich, 1773~1859}였는데 그는 유럽의 영토 지도를 프랑스 혁명과 나폴레옹전쟁 이전의 지도로 되돌릴 것과, 루이 15세의 손자이자 루이 16세의 동생인 루이 18세^{Louis XVIII, 1755~1824}를 프랑스의 새로운 군주로 앉혀 프랑스를 혁명 이전의 군주국가 체제로 복귀시킬 것임을 결정한다. 이 사건은 '제1차 왕정복고'라 부른다.

루이 18세는 기질적으로 소심하고 무능했던 인물이자, 프랑스 혁명이 발발한 뒤 오랜 기간 외국에서 망명생활을 했기 때문에 프랑스 정치와 사회에 대한 식견이 부족할 수밖에 없었다. 이는 왕정으로 복고된 프랑스 정국이 불안정과 혼란을 거듭하는 요인으로 작용했다. 1815년 3월, 엘바 섬에 유배되어 있던 나폴레옹이 탈출해 파리에 입성하고 있다는 소식이 전해지면서 루이 18세가 왕위를 내던지고 벨기에로 떠나는 등 정국이 다급하게 돌아가게 되자, 빈 회의를 주도했던 유럽의 군주국들은 군대를 동원해 나폴레옹을 물리치고(1815년 6월의 워털루전투) 그를 세인트헬레나 섬에 유배시킨다. 상황이 정리된 후 루이 18세는 프랑스로 귀국해 왕위를 이어나가 1814년에 '제2차 왕정 복고'가 이루어졌다. 근근이 왕위를 이어가던 루이 18세가 1824년 노령으로 사망하게 되자 동생 샤를 10세^{Charles X, 1757~1836}가 왕위를 계승하게 된다. 형과 함께 해외로 도피했던 샤를 10세는 왕이 되자마자 프랑스 혁명의 흔적을 완전히 없애고 강력한 왕정을 구축하기 위한 야심을 드러낸다. 하지만 그의 야심은 프랑스 혁명의 이념을 굳건히 지키고자 한 부르주아와 민중의 저항에 부딪힌다. 폭력을 동반한 대규모 저항에 직면한 샤를 10세는 1830년 7월 왕위를 버리고 다시 망명길에 오른다. 샤를 10세를 폐위시킨 정치 세력들은 곧, 혁명을 지지했던 왕족의 후예인 루이 필리프^{Louis Philippe, 1773~1850}를 왕위에 앉히면서 이른바 '7월 왕정'을 수립한다. 그러나 그 후에도 프랑스는 정치사회적 불안을 겪게 되는데 다음과 같은 일련의 사태들이 원인이었다. 7월 왕정에 대한 민중 계급들 불만과 저항으로 왕정이 붕괴되면서 제2공화정이 수립되었고(1848) 나폴레옹의 조카인 루이 나폴레옹^{Charles L. Napoléon, 1808~1873}이 일으킨 쿠데타와 제2공화정의 붕괴(1851~1852), 프로이센(지금의 독일)과의 전쟁(1870~1871)과 그 과정에서 벌어진 '파리코뮌^{Commune de Paris*}'으로 불리는 내전(1871) 등이 그러한 사태들이다.

콩트는 1798년에 태어나 1857년에 사망했다. 그리고 그의 대표 저서인 《실증철학 강의^{Cours de philosophie positive}》와 《실증정치학 체계^{Système de politique positive, ou traité de sociologie, instituant la religion de l'humanité}》는 각각 1835~1842년, 1851~1854년에 저술된 것들이다. 이렇게 보자면 그는 프랑스 혁명 발발 이후 10년의 정치적 상황에 대해서는 간접적으로 접했을 테지만 그 이후 나폴레옹의 통치와 왕정복고, 7월 왕정의 수립과 붕괴, 루이 나폴레옹의 쿠데타 등의 사태들에 대해서는 생생한 경험을 했을 것이다. 이러한 일련의 정치적 사태들에 대한 관찰과 경험은 콩트로 하여금 '프랑스 혁명의 의미란 무엇인가?', '복고된 왕정이 실패한 이유는 무엇인가?', '프랑스의 정치적 혼란의 발생 원인은 무엇이며 이를 어떻게 극복할 것인가?' 등의 문제를 제기하게 했을 것이다.

콩트는 프랑스 사회의 혼란이 근본적으로 프랑스 혁명 때문에 초래된 것이라고 생각했다. 따라서 문제의 초점은 혁명을 주도한 부르주아 계급에 맞출 수밖에 없었다. 하지만 콩트는 부르주아 계급 전체를 부정적으로 바라보지는 않았다. 문제는 그들이 믿고 있던 계몽주의^{enlightenment} 이념이었다. 앞에서 살펴보았듯이 프랑스의 산업가 계급은 강력한 경제력을 보유하면서 아울러 계몽주의라는 혁명 이념을 신봉했던 집단이었다. 콩트는 생시몽의 사상을 따라 과학기술의 성장이 사회발전을 위해 매우 바람직하다는 신념을 가지고 있었고 그렇기 때문에 부르주아 계급이 이룩해놓은 과학의 진보와 기술의 성장에 대해서는 찬사를 보냈다. 그것은 프랑스의 발전을 위해 반드시 필요한 부분이었기 때문이다. 하지만 콩트는 과학기술이 이룩한 물질적 진보의 성과가 계몽주의 이념으로 인해 온전한 빛을 발하지 못하고 있다고 진단했다.

계몽주의 이념이란 무엇인가? 대표적인 계몽주의 사상가들인

⋎ 파리코뮌

프로이센-프랑스 전쟁에서 승리한 프로이센 군은 프랑스에게 굴욕적인 강화조약을 맺게 했다. 당시 프랑스 국민의회는 티에르 임시정부를 내세웠는데, 이 임시정부와 프로이센 군에 반발한 파리 시민과 노동자들이 정부군을 몰아내고 수립한 혁명적 자치정부를 가리켜 '파리코뮌'이라 한다. 코뮌은 종교에 대한 지원 폐지, 노동자의 최저 생활 보장 등 여러 가지 사회 개혁 조치를 내세웠으나 프로이센과 결탁한 정부군이 파리로 진격해오자 이들과 시가전을 벌인 끝에 와해되고 말았다. '피의 1주일'이라 불리는 그 기간 동안 약 20,000명의 시민이 사망하고, 38,000명이 체포됐다.

볼테르^{Voltaire, François-Marie Arouet, 1694~1778}와 루소^{Jean-Jacques Rousseau, 1712~1778}

가 역설했듯이 그것은 인간이 지니고 있는 '이성'의 빛을 따라 그동안 무조건적으로 당연시되고 맹목적으로 믿어왔던 모든 신념과 사고를 비판할 것을 명령한다. 그러한 이성의 빛이 도달할 수 없는 영역은 없다. 왕권신수설, 신분체제, 위계적 불평등 질서 등 혁명 이전의 사회체제를 떠받치고 있던 모든 제도와 사상들이 이성을 통한 비판과 검증의 대상이 된다.

콩트가 볼 때 이러한 계몽사상은 글자 그대로 기존 질서의 전

복과 해체의 사상이었다. 그것은 무지와 맹신의 불합리한 사회와는 다른 합리적이고 이성적인 사회를 건설한다고 했지만 그러한 주장과는 달리 오히려 프랑스 사회를 분열과 대립, 무질서의 상황으로 이끌고 간 위험한 사상이었다. 그렇다면 어떻게 사회적 질서가 구현될 수 있을 것인가? 절대왕권과 신분제 질서를 통한 구체제로의 복귀가 이루어지면 사회 질서가 회복될 것인가? 하지만 콩트는 두 가지 점에서 구체제로의 복귀를 바라지 않았다. 첫째, 구체제로의 복귀는 과학기술이 달성한 물질적 진보라는 열매를 송두리째 파괴해버릴 것이기 때문이다. 적어도 그는 물질적 차원에서 진보주의자였다고 할 수 있다. 둘째, 나폴레옹의 몰락 이후 등장한 복고 왕정이 분열된 프랑스 사회의 질서를 회복하는 데 어떠한 능력도 발휘하지 못했기 때문이다. 현실적인 차원에서 볼 때 왕정체제는 어떠한 능력도 없어 보였다는 것이다. 그런 면에서 그는 보날Louis de Bonald, 1754~1840과 메스트르Joseph de Maistre, 1753~1821 등, 왕정체제로의 복귀를 외치는 보수주의자들의 이념과는 철저히 결별했던 사람이었다.

여기서 콩트는 진보와 질서를 조화롭게 통합하면서 사회 질서를 구축하기 위한 자신의 사상으로 '실증철학positive philosophy'을 제시한다. 콩트는《실증철학 강의》를 통해 사회 운영을 위한 세 가지 원리를 밝히고 있다. 그것은 '신학적 원리', '형이상학적 원리', '실증적 원리'로 요약된다. 먼저 신학적 원리가 지배하는 사회에서는 모든 것이 절대자의 섭리를 따라 배치되고 운영되며, 강력하고 엄격한 질서가 이룩되고 있다. 콩트에 따르면 이 원리는 서양의 중세 및 절대왕정의 시기에 구현되었다. 다음으로 형이상학적 원리는 기존 사회와 질서에 대한 근본적인 비판과 부정을 촉구하는 것으로 프랑스 혁명기의 사회를 지배한 원리라고 할 수 있다. 그렇기 때문에 형이상학적 원리 속에서 진보는 있을 수 있어도 질서가 구현되기는 어려운 것이다.

이렇게 보자면 신학적 원리와 형이상학적 원리는 각각 질서와 진보를 가장 중요한 사회적 가치로 생각할 뿐 이 두 개의 가치를 하나로 통합하기 위한 길을 제시하지는 못하였다. 따라서 이 두 원리가 사회를 지배하는 한, 퇴행적 질서와 무정부적인 혼란이 끊이지 않게 된다. 콩트는 진보와 질서가 조화롭게 이룩된 사회를 구현하고자 한다면 '실증적 원리'를 따를 것을 강조한다. 그렇다면 실증적 원리란 어떤 것인가? 앞에서도 언급했듯이 콩트는 생시몽의 사상적 영향 아래에서 자연과학과 기술의 발전이 사회 발전의 유일한 조건이라는 신념을 가지고 있었다. 이러한 신념은 그로 하여금 자연과학적 원리가 사회 질서 구축에 유용할 것이라고 생각하게 했을 것이다. 그가 볼 때 자연 세계는 진보와 질서의 원리 속에서 조화롭게 운영되는 세계였다. 생물체를 통해 알 수 있듯이 생물체가 성장하기 위해서는 그것을 구성하는 요소들이 각각 질서 잡힌 상태로 존재해야 하는데 그것은 사회의 경우에도 결코 예외가 아닌 것이다. 사회 역시 다양한 구성 요소들로 이루어져 있고 사회의 성장(진보)을 위해서는 각각의 부분들이 조화롭게 기능해야 한다. 전체의 성장을 위해 부분들의 질서가 잡혀야 한다는 콩트의 실증철학이 '사회물리학social physics'으로 불리는 이유가 바로 이러한 점 때문이다.

이러한 사상 속에서 콩트는, 실증철학은 사회 질서를 만들어내기 위한 탐구, 즉 사회 전체의 질서 탐구와 가족을 포함해 사회를 구성하는 요소들의 움직임에 대한 탐구, 즉 진보의 탐구를 지향해야 한다고 주장했다. 앞의 탐구가 '사회 정학social statics'으로 불린다면, 뒤의 탐구는 '사회 동학social dynamics'으로 불린다.

지금까지의 논의에 비추어 콩트의 실증철학이 전하는 학문적 메시지를 요약하자면 첫째, 사회를 하나의 독립된 분석 단위로 삼아 관찰해야 한다는 것과, 둘째, 사회 분석을 위해서는 자연과학적 관찰과 검증의 원리가 필요하다는 것이다. 콩트의 이러한 사상은 우리가 뒤에서 다룰, 프랑스 사회학의 중심 인물인 뒤르켐Émile Durkheim, 1858~1917의 실증주의 사회학의 뿌리로 작용할 뿐만 아니라 실증주의 사회학의 반대편에 서 있는 '이해사회학Verstehende Soziologie*'이라는 또 하나의 사회학적 전통이 형성되는 데도 영향을 미쳤다.

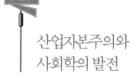

산업자본주의와
사회학의 발전   프랑스 혁명과 그 이후 갖가지 사회

Ⴤ 이해사회학

'이해(理解)'를 방법적 기초로 하는 사회학으로 독일의 사회학자 베버가 발전시킨 학문이다. 그에 의하면, 사회학이란 사회적 행위에 나타난 정신현상을 추체험(追體驗, Nacherleben)으로써 이해하는 현실 과학이다. 여기서 '추체험'은 '다른 사람의 체험을 자신의 체험처럼 느낌'을 뜻한다.

적 혼란 속에서 탄생한 사회학은 이제 19세기 중·후반에 이르러 새로운 면모를 갖추게 된다. 새로운 면모란, 사회를 설명하고 이해하며 진단하기 위한 여러 이론과 방법론들이 등장하게 되면서 사회학의 폭과 깊이가 확대된 것을 말한다. 그렇다면 당시 유럽 사회는 어떠한 변화를 경험했을까? 사회학은 그러한 변화를 어떻게 설명하고 진단하고자 했을까? 이러한 문제에 대한 답을 찾아가보면 사회학의 발전 모습을 찾아볼 수 있다.

19세기 중·후반의 유럽 사회는 그전 세기만큼 혼란스럽고 복잡한 양상을 보이고 있었다. 18세기 후반, 영국에서 시작된 산업혁명이 서서히 서유럽 국가 대부분과 미국으로 확산되고 19세기 중·후반에 이르러 이들 국가들은 산업자본주의 사회의 모습을 완벽히 갖추게 된다. 소규모 수공업 생산을 바탕으로 이윤^{profit}을 창출하는 상업자본주의에 비해 산업자본주의는 대규모 기계제 생산을 통해 훨씬 더 높은 생산력과 이윤을 창출해내는 자본주의의 한 형태다. 따라서 산업자본주의를 효과적으로 운영하기 위해서는 생산성이 높은 기계를 사용해야 할 뿐만 아니라 노동력의 생산 수준 역시 증대시켜야 한다. 산업자본가의 입장에서 볼 때, 가능하면 더 많은 이윤을 획득하려면 보다 효율적인 기계를 도입해야 하고 임금을 주고 고용한 노동자들에게 더 많은 일을 시켜야 할 것이다.

산업자본주의의 이러한 생산 과정은 사회 전체의 부[富]를 증대시킨다는 긍정적 측면을 가지고 있지만 자본가가 고용한 노동자들의 삶에 대해서는 많은 문제를 초래했다. 우선, 생산성 증대를 위해 자본가가 기계를 많이 도입하면 할수록 노동자는 생산 과정에서 축출될 위험에 놓이게 되고, 높은 생산성의 확보를 위해 자본가가 과도한 노동 시간과 강도를 노동자에게 강요할 경우 육체 이외에 어떤 다른 생산수단도 보유하지 못한 노동자로서는 이를 감수해야 했다. 또 자본가들은 자신들의 이윤 추구를 위해 성인 남성만이 아니라 여성과 아동의 노동력까지 끌어들였는데 그 결과 이들의 건강, 위생, 인권 등이 심각하게 훼손되기도 했다.

이는 19세기 중·후반 유럽 대부분의 산업자본주의 사회 속에서 나타났던 현상이었다. 노동자들은 그러한 상황에 맞서기 위해 여러 형태의 저항들을 전개해나갔다. 노동자의 구체적인 저항이 가장 먼저 등장했던 곳은 자본주의가 가장 먼저 발달한 영국이었다. 노동자들을 실업으로 몰아가는 기계에 저항하기 위해 19세기 초반에 전개된 '러다이트 운동Luddite movement', 즉 '기계 파괴 운동'을 필두로 영국의 노동자들은 19세기 중반에 이르러 자신들의 생존과 이익을 보장하기 위해 노동조합을 결성하고, 나아가 노동자들의 정치사회적 권리를 확보하기 위한 정치 운동(대표적으로는 차티스트 운동을 들 수 있다) 역시 주도해나갔다. 노동 운동의 흐름은 곧 프랑스와 독일 등, 후발 산업자본주의 국가에게로 확장되기에 이른다. 생산 과정의 기계화에 저항하기 위한 파업 운동, 친자본가 정권 타도 운동, 핵심적인 정치적 권리로서 선거권 확보 투쟁, 노동조합 결성 운동 등이 대표적인 예들이라고 할 수 있다. 한편, 자본가에 맞서 노동자들의 권리와 이익을 보장하기 위한 노동 운동은 19세기 후반에 접어들면서 한층 더 급진적인 양상을 띠게 된다. 예컨대 파업, 태업, 작업장 폐쇄와 같은 방법을 통한 저항이 훨씬 더 빈번해졌을 뿐만 아니라 노동자들의 정당 결성 움직임이 활발해졌다.

19세기 중·후반 유럽 사회는 이렇듯 자본주의의 대규모 성장과 팽창을 경험했고 그것은 경제적 차원에서 일찍이 경험하지 못한 생산력 증대를 가져왔지만 정치사회적 차원에서는 자본가와 노동자 간의 전면적인 대결로 인한 사회 전반의 분열을 초래했다. 프랑스 혁명과 그 이후의 사회적 분열을 이해하고 진단하는 것이 사회학의 임무였던 것처럼 19세기 중·후반 사회학의 임무는 자본주의의 성장과 그에 따른 사회적 분열을 관찰하고 설명하며 해결하는 데 있었다.

마르크스 사회학의 탄생

그러한 임무의 선두에는 독일의 사회학자 마르크스[Karl H. Marx, 1818~1883]가 있었다. 마르크스 사회학의 목표는 산업자본주의 사회를 분석하고 그 사회 속에 숨어 있는 노동자 억압과 착취의 논리를 폭로하며 그 사회의 붕괴의 법칙을 발견하고자 하는 데 있었다. "이제까지의 모든 사회의 역사는 계급투쟁의 역사다"라는 《공산당 선언[Manifest der Kommunistischen Partei]》의 첫 문장을 통해 알 수 있듯이 마르크스는 '계급[class]'과 '계급투쟁'이라는 두 개의 개념을 통해 모든 사회를 본질적으로 이해할 수 있다고 믿었고 그것은 자본주의 사회에 대해서도 마찬가지였다.

계급이란 무엇인가? 상층 계급·하층 계급·중간 계급·귀족 계급·자본가 계급·농민 계급·노동자 계급 등, 계급은 신분·재산·직업 등 일정한 기준에 따라 구분되는 사회구성원의 집합을 의미한다. 그런데 마르크스는 계급에 대한 이러한 일반적인 정의를 받아들이지 않고 경제적 차원으로 국한되는 계급의 논리를 제시한다. 마르크스의 관점에서 계급을 구분하는 유일한 기준은 '생산수단means of production'이다. 생산수단이란 무엇인가? 그것은 토지, 원자재, 기계설비, 공장 등 생산 활동에 필요한 제반의 물질적 조건을 의미한다. 그런데 이러한 생산수단을 얻기 위해서는 돈, 경제학적인 용어를 사용하자면 '자본'이 필요하다. 자본과 생산수단을 소유한 계급은 '유산 계급'이고 그렇지 못한 사람은 '무산 계급'으로 불린다. 외견상 사회 집단들은 신분, 직업, 교육, 문화 등의 기준에 따라 다양한 범주로 구분되는 듯 보이지만 마르크스에 따르면 이 집단들은 궁극적으로 자본과 생산수단의 보유 유무에 따라 유산 계급과 무산 계급이라는 두 범주로 묶을 수 있다.

자본과 생산수단을 소유한 집단은 이윤을 획득하기 위해 생산 활동을 해야 하고 그러기 위해서는 노동력이 필요하다. 그리고 생산수단을 소유하지 못한 사람들의 경우 살아가기 위해서는 자신의 노동력을 제공해야 한다. 그런데 자본주의 사회와 농업 생

Ⅰ 〈공산당 선언〉

1848년에 마르크스와 엥겔스(Friedrich Engels, 1820~1895)가 당시 국제적인 노동자 조직이었던 공산주의자 동맹의 강령으로 삼기 위해 공동 집필한 소책자. 20세기 초까지 유럽 각국의 사회당 및 공산당의 주요 정강 정책이었다. "이제까지의 모든 사회의 역사는 계급 투쟁의 역사다"라는 유물론적 역사관에 입각해, 자본주의가 몰락하고 노동자들의 사회가 올 것이라 선언했다.

산이 지배하던 그 이전 사회에서 노동력이 제공되는 방식은 근본적으로 다르다. 그 이전 사회의 경우 노예와 농노로 불리는 계급의 노동력은 신분제적 질서와 폭력과 같은 물리적 강제 수단을 통해 강제로 끌어들여진 형태였다고 한다면, 자본주의 사회의 노동력은 그러한 신분제와 물리적 강제로부터 벗어나 자본가와 노동자 간의 자유로운 계약에 의해 제공된다. 자본가는 임금을 주고 노동자를 고용하며 노동자는 임금을 받고 자신의 노동력을 제공한다. 따라서 자본주의 사회에서 노동력은 매매賣買되는 것이라고 할 수 있다.

이렇게 보자면 자본주의 사회는 신분적 구속이 없다는 면에서 그 이전의 사회들에 비해 발전된 사회라고 할 수 있지만 마르크스는 자본주의 사회 속에서도 눈에 보이지 않지만 엄연히 존재하는 억압과 착취의 논리가 있음을 주장하고 있다. 그에 따르면 생산 활동을 통해 만들어지는 모든 재화財貨와 재화의 가치는 노동력이 투입되었기 때문에 발생한 것이다. 가치의 유일한 원천은 노동력이다. 예컨대 생산 활동을 통해 100만큼의 가치를 갖는 재화가 만들어졌다면 그것은 100만큼의 가치에 해당하는 노동력이 투입되었기 때문인 것이다. 그런데 생산수단을 소유한 유산 계급(자본가)은 생산 활동을 통해 이윤을 확보한다. 이윤을 확보할 수 없다면 그는 생산 활동을 할 필요가 더 이상 없을 것이다. 그렇다면 자본가의 이윤은 어떻게 발생한 것인가? 노동자가 100 이상의 가치에 해당하는 노동을 하고, 자본가는 100만큼, 또는 그 이하의 가치에 해당하는 임금만을 노동자에게 제공했기 때문이라는 것이 마르크스의 설명이다. 결국 자본가의 부와 재산은 노동자의 잉여 노동력을 통해 만들어진 것이다. 여기서 마르크스는 자본주의 아래에서의 노동 계약은 겉으로는 자유롭고 평등한 것처럼 보이지만 사실은 불평등한 착취의 논리를 은폐하고 있는 것임을 밝히고 있다.

그런데 자본주의 사회는 내적으로 붕괴의 법칙을 지니고 있다. 마르크스는 자본가들이 생산력 증대를 위해 기계를 도입하고 노동력 비중을 축소시키는 현상에 주목했다. 앞에서 살펴봤듯이 마르크스는 물질적 가치의 원천을 노동력으로 보고 있는데, 기계를 도입하고 노동력의 비율을 줄이는 일은 결국 자본가의 이윤 저하로 이어지게 되는 것이다. 여기서 자본가들은 임금 비용을 축소시키면서 자신의 이윤 저하를 막고자 노력한다. '이윤율 저하 경향의 법칙'으로 불리는 이러한 과정은 많은 실업자를 양산할 뿐만 아니라 기업의 붕괴 역시 촉진시켜 결국 자본주의에 불만을 갖게 되는 무산 계급, 즉 '프롤레타리아proletariat'의 규모를 증대시키게 될 것이다. 따라서 자본주의는 궁극적으로 무산 계급의 집단적 저항에 의해 붕괴된다는 것이 바로 마르크스가 노동자들을 향해 외쳤던 혁명의 메시지였다. 마르크스는 그러한 혁명의 가능성이 가장 큰 나라가 영국이라고 생각했다. 왜냐하면 영국은 자본주의가 가장 먼저, 그리고 가장 급속하게 성장한 나라였기 때문이다. 하지만 혁명은 영국이 아니라, 레닌Nikolai Lenin, 1870~1924의 지도 아래 있던 러시아에서 발생했다. 레닌은 마르크스가 추구한 혁명을 최초로 실현한 인물이었다. 그렇기 때문에 마르크스의 사회학은 '혁명의 사회학'으로 불린다. 왜냐하면 공산주의 혁명의 실현을 목표로 하는 사회학이었기 때문이다.

반 마르크스 사회학의
태동 베버와 뒤르켐

19세기 후반부터 20세기 초반에 이르기까지 마르크스 사회학은 전 유럽에 걸쳐 노동자의 혁명 이념으로 맹위를 떨쳤지만 학문의 세계에서는 비판의 시험대에 오르게 된다. 한 사회학자의 말처럼 "세계의 지식인들은 마르크스의 유산을 비판적으로 검토하면서 마르크스의 망령^{亡靈}과 진지하게 토론했다." 그러한 작업의 중심에는 독일의 사회학자 베버^{Max Weber, 1864~1920}와 프랑스의 사회학자 뒤르켐이 있었다.

먼저 베버에 대해 얘기해보자. 마르크스가 활동했던 시기와 베버가 활동했던 시기 사이에는 40여 년의 격차가 있다. 이러한 시간적 격차 속에서 유럽의 자본주의 사회는 많은 변화를 겪었고, 자본주의에 대한 그들의 이해와 진단 역시 상이할 수밖에 없었다. 베버가 학문적 활동을 본격적으로 시작한 20세기 초반 유럽의 자본주의는 19세기 후반부터 시작된 내부의 경제 불황을 타개하기 위해 국가 개입을 바탕으로 하는 자본주의로 변모하기 시작했고 이는 궁극적으로 아프리카와 아시아 대륙의 식민지 경영으로 그 모습을 드러냈다. 이런 과정에서 이제 국가 행정은 자본주의 운영과 식민지 경영을 위한 핵심적인 역할을 수행하게 되었다. 방대하고 치밀하며 효율적인 조직 구성과 체계를 특징으로 하는 국가 관료제가 등장하게 된 것이다.

베버는 마르크스가 보지 못한, 독특한 조직체계로서의 관료제에 깊은 관심을 기울였다. 베버는 이러한 관료제를 바라보면서 어떠한 결론에 도달했을까? 먼저, 그는 마르크스의 계급 이해가 현실적으로 옳지 않다고 생각했다. 마르크스에 따르면 계급은 생산을 위한 물질적 수단의 소유 여부에 따라 유산 계급과 무산 계급으로 구분된다고 했는데, 그렇다면 생산수단을 소유하고 있지 않으면서도 유산 계급과 마찬가지의 삶을 영위하고 사회적 영향력을 행사하고 있는 국가 관료들은 유산 계급에 속할까, 무산 계급에 속할까? 어쩌면 관료들은 이 두 계급의 중간적 위치를 차지하는 계급일지도 모른다. 또한, 베버는 사회 계급의 정치적 영향력의 원천에 대해 마르크스가 주장하듯이 물질적 생산수단만이 유일한 원천은 아니며 전문 지식, 교육, 문화 등 비물질적 능력들 역시 그러한 원천에 속한다고 생각했다. 그렇지 않다면 관료들이 사회적으로 행사하는 위세와 영향력을 설명하기 어려울 것이다.

그런데 관료들이 보유하고 있는 비물질적·비가시적 능력들이 어떠한 방식으로 사회적 위세와 정치적 영향력을 행사하는 것일까? 생산수단을 소유한 계급들과 같이 어떠한 물질적 혜택을 제공하는 것도 아니고 폭력 행사의 가능성이 보이지 않는데도 관료의 위세와 영향력이 존재하는 이유는 무엇인가? 이를 통해 베버는 마르크스가 생각하지 못한 요소인 '정당성legitimacy'의 문제를 제기했다. 정당성이란 지배자의 위세와 영향력을 마땅한 것으로 인정하는 피지배자의 믿음이다. 모든 지배가 정당성을 근거로 하는 것은 아니지만 지배가 안정적으로 행사되기 위해서는 지배의 정당성에 대한 피지배자의 믿음이 있어야 한다. 지배는 지배를 행사하는 사람이나 집단의 '일방적인' 행위가 아니라 그들과 피지배자 또는 집단 간의 '상호관계' 속에서 형성되는 것이다. 이렇게 보자면 지배를 위한 물리적 수단들을 보유하게 되면 당연히 지배와 영향력을 행사할 수 있다고 생각한 마르크스의 논리는 결함이 있는 것으로 보인다.

베버는 관료제의 보편성과 영속성을 강조하고 있다. 관료제는 자본주의 경제 활동에 대한 국가 개입의 필요성 속에서 등장한 행정 조직이지만 다른 어떤 조직들 보다 합리적이고 명료하며 효율적이기 때문에 보편적인 사회 조직 원리가 될 가능성이 크다고 주장했다. 또한 관료제는 기계와 같이, 전체와 부분이 하나의 체계로 연결되어 있는 조직으로서, 관료제 내부에 문제가 생겼다고 하더라도 그 부분만 교체하면 다시 제대로 기능할 수 있을 것이기 때문에 금방 해체될 조직이 아닌 것이다. 하지만 그렇다고 해서 베버가 관료 조직을 가장 이상적이고 바람직한 조직으로 생각한 것은 아니었다. 오히려 그는 거대한 관료 조직 속에서 톱니바퀴처럼 기능하는 인간의 모습을 부정적으로 바라보았다. 이런 면에서 베버는, 자본주의는 필연적으로 붕괴되며 억압과 착취가 없는 새로운 사회가 도래한다고 생각한 마르크스와는 달리, 인간의 미래에 대한 비관적인 견해를 간직하고 있었다.

지금까지 살펴본 것처럼 베버는 마르크스 사회학의 가장 중요한 논리들을 비판적으로 고찰하면서 자신의 사회학을 구축했다. 먼저, 그는 마르크스의 계급론, 즉 자본주의가 성장할수록 사회 계급은 유산 계급과 무산 계급의 둘로 수렴收斂된다는 논리에 반기를 들고, 오히려 사회의 성장에 따라 계급의 다양성이 증대할 것이고, 관료 집단을 통해 볼 수 있듯이 물질적 생산수단만이 아니라 지식과 교육 등 정신적 가치들 역시 지배와 영향력의 원천이 될 수 있음을 강조했다. 아울러 베버는 생산수단을 소유한 집단의 관점에서만 지배의 문제를 설명하고자 하는 마르크스를 비판하면서 지배란 물리적인 힘의 행사만이 아니라 지배자와 피지배자 간에 형성되는, 정당성이라는 정신적 상호관계 속에서 이해해야 한다고 말했다.

프랑스 사회학의 대가 뒤르켐 역시 마르크스의 혁명사회학을 비롯해 19세기 중·후반의 급진 이념과 운동을 비판적으로 바라보았다. 그는 그 이념과 운동들이 폭력적이고 계급적 성격을 지니고 있으며 계급과 계급 갈등을 통한 사회 변동을 주장한다는 면에서 많은 문제가 있다고 생각했다.

뒤르켐의 소년 시절은 그야말로 정치적 혼란과 불안정의 시기였다. 스페인에 대한 정치적 영향력을 행사하려는 프랑스 황제 루이 나폴레옹과 프로이센 총리 비스마르크^{Otto von Bismarck, 1815~1898} 간의 정치적 대결로 인한 1871년 프로이센-프랑스 전쟁, 그 전쟁의 패전 속에서 프랑스가 겪어야 했던 정부와 파리의 좌파 지식인 및 노동자 간의 내전인 파리코뮌, 그리고 제3공화정(1875년 수립) 초기, 보수주의 왕당파와 급진 공화파 간의 갈등으로 인해 초래된 정치적 불안정 등을 직접 경험했던 것이다.

그는 이러한 경험을 통해 사회 구성원 모두를 하나로 통합하고 결속시킬 '도덕'과 '질서'의 필요성을 인식하게 됐다. 도덕과 질서, 바로 이것이 뒤르켐이 자신의 사회학 속에서 찾고자 한 궁극적인 목표였다. 이런 점에서 뒤르켐의 사회학은 프랑스 혁명이 초래한 사회적 혼란을 해결하고자 한 콩트의 실증철학과 맥을 같이하는 것으로 볼 수 있다. 물론 뒤르켐은 콩트만큼 진보를 중요하게 여기지는 않았으나(그는 계몽주의 이념에 대해 부정적인 입장을 가지고 있었다) 콩트와 마찬가지로 사회 질서라는 목표를 위해 필요한 구성 요소들의 존재 방식에 대한 탐구를 중요하게 생각했다. 말하자면 뒤르켐의 사회학은 사회적 통합과 결속을 위한 객관적인 사회적 조건들을 설명하고자 한 프랑스 실증주의의 전통에 서 있는 것이다.

그는 자신의 사회학에서 분업, 범죄, 일탈, 자살, 교육, 종교 등과 같은 사회 현상을 분석하면서 통합과 결속 그리고 질서의 구축에 필요한 조건들을 마련하고자 했다. 먼저 사회의 규모가 증대함에 따라 나타나는 사회적 분업을 사회를 통합하기 위한 매우 긍정적인 조건으로 생각했다. 분업은 사회적 분열을 초래하기 때문에 억제되어야 한다고 생각한 콩트와는 달리, 뒤르켐은 분업을 통해 상호관계와 상호의존의 정도가 증대할 것이고 그렇기 때문에 분업은 통합에 매우 긍정적인 역할을 수행할 것으로 보았다.

한편, 뒤르켐은 사회적 일탈과 범죄에 도덕적·법률적 처벌을 가해야 한다고 생각했는데 그러한 처벌은 일탈자와 범죄자를 사회로부터 축출하기 위한 것이 아니라 공동체의 근본적 가치를 유지하면서 사회적 결속을 다지기 위한 것이다. 뒤르켐은 사회 통합과 관련해 자살에 대해서도 분석을 하고 있는데 그에 따르면 자살, 특히 개인주의가 가장 중요한 가치로 등장한 근대사회에서 자살은 사회적 응집성과 삶의 기반이 될 도덕 규범이 약할수록 늘어나는 것이다. 그렇기 때문에 자살이라는 부정적 현상을 줄이기 위해서는 사회적 연대와 도덕 기반을 강화해야 한다.

나아가 뒤르켐은 통합되고 질서 있는 사회를 만들기 위해 교육과 종교의 중요성을 강조했다. 여기서 뒤르켐은 교육을 개인의 욕구와 잠재력을 발현시키는 수단이 아니라 사회 전체가 필요로 하는 신체적, 지적, 도덕적 상태를 만들고 계발시키는 도구로 이해한다. 교육은 오히려 '인간의 열정과 본능을 통제하고 자기희생을 통해 개인적 목적을 사회라는 보다 더 높은 목적에 복종하도록 가르치는' 일이다. 그런데 이를 위해서는 개인의 존재와 가치에 비해 사회의 존재와 가치가 더 우월하고 고귀한 것이라는 점이 먼저 인식되어야 할 것이다. 종교의 사회적 역할에 대한 뒤르켐의 강조는 이러한 필요성과 연관되어 있다. 그는 종교를 제도와 의식儀式을 갖춘 신앙 공동체라는 협소한 의미를 넘어, 사회 구성원들에게 신성한 것을 느끼고 인식하게 하면서 그들을 단일한 연대의식으로 통합하는 힘으로 바라본다. 그에 따르면 원시사회 이래 모든 사회에서는 신성함에 대한 인식과 느낌을 유도하는 종교적 현상이 존재했는데 이는 그 자체의 현상이라기보다는 사회의 통합이라는 궁극적 목적에 봉사하기 위한 것이었다. 예컨대, 토템totem 신앙에서 보여주는 신성한 존재는 부족사회의 질서와 통합을 상징한다고 볼 때 결국 종교적 신성성은 사회적 권위의 형성과 그 권위에 대한 구성원들의 희생과 복종을 가능케 하는 요소로 이해된다.

지금까지 우리는 사회학이 어떠한 역사적 배경 속에서 태동하고 성장했는가를 고찰했다. 사회학의 탄생과 성장에 관한 지금까지의 논의는 사회학이란 무엇보다 '근대modernity'의 학문이라는 점을 알려준다. 근대란 무엇인가? 그것은 중세와 근세近世 이후의 시기라는 시간적 의미를 넘어 정치·경제·사회적 측면에서 매우 중요한 의의들을 간직하고 있다. 먼저, 정치적 측면에서 근대는 '주권재민主權在民', 즉 국가의 주인은 국민이라는 정치 원리에 따라 민주주의가 탄생한 시기였다. 영국 혁명과 프랑스 혁명은 근대민주주의 탄생을 알리는 거대한 운동이었다. 정치적 근대는 '왕권신수설'로 대표되는 중세와 근세의 왕정체제에 대한 전면적 부정의 시기였던 것이다. 또한 근대 경제는, 토지를 가장 중요한 생산수단으로, 그리고 신분제와 폭력에 의한 신체적 구속을 받고 있던 농민의 노동력에 의해 운영되던 농업경제로부터 화폐가 가장 중요한 생산수단이며, 신체적 구속으로부터 벗어난 자유로운 노동자의 노동력에 의해 뒷받침되었던 자본주의 경제

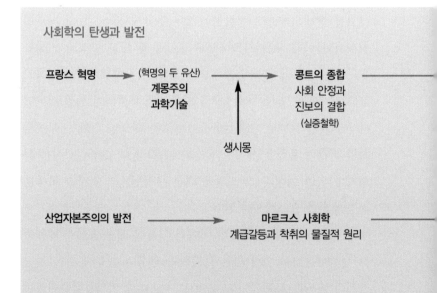

사회학의 탄생과 발전

프랑스 혁명 → (혁명의 두 유산)
**계몽주의
과학기술**
↑
생시몽

콩트의 종합
사회 안정과
진보의 결합
(실증철학)

산업자본주의의 발전 → **마르크스 사회학**
계급갈등과 착취의 물질적 원리

로 변모했다. 아울러 사회적인 차원에서 근대는 신분제적 불평등 구조를 벗어던지고 인간 존엄의 원리에 따라 자유와 평등의 사회 질서를 만들어낸 시기였다.

콩트를 비롯해 마르크스, 베버, 뒤르켐은 근대라는 신사회의 새로운 모습들을 목도했다. 그런데 이러한 근대는 결코 긍정적인 부분만 지니고 있었던 것은 아니었다. 인류의 진보에 필요한 힘(생산력)과 가치(자유, 평등, 인간 존엄 등)를 창출하기도 했지만 그럼에도 불구하고 그 속에는 너무나 많은 문제들이 숨어 있었다. 콩트와 뒤르켐은 그것을 사회적 무질서와 무도덕 상태라고 보았으며 마르크스는 경제 관계 속에 내재한 불평등과 착취가

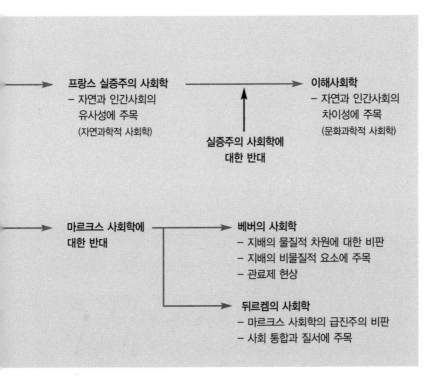

프랑스 실증주의 사회학
– 자연과 인간사회의
   유사성에 주목
   (자연과학적 사회학)

실증주의 사회학에
대한 반대

이해사회학
– 자연과 인간사회의
   차이성에 주목
   (문화과학적 사회학)

마르크스 사회학에
대한 반대

베버의 사회학
– 지배의 물질적 차원에 대한 비판
– 지배의 비물질적 요소에 주목
– 관료제 현상

뒤르켐의 사회학
– 마르크스 사회학의 급진주의 비판
– 사회 통합과 질서에 주목

근대사회의 가장 근본적인 문제라고 생각했다. 한편, 베버는 경제와 사회의 성장 속에서 새로운 사회 현상으로 부상하기 시작한 관료제를 근대의 가장 본질적인 문제라고 간주했다. 근대사회의 문제에 대한 이들의 진단은 각각 상이하고 그렇기 때문에 그에 따른 해결책 역시 상이한 방향으로 나아갔다. 마르크스는 혁명을 통해 불평등한 경제 관계를 붕괴시키고 그 위에 평등한 경제 관계를 수립할 것을 역설했으며, 콩트와 뒤르켐은 무질서와 무도덕에 사로잡힌 근대사회를 질서와 도덕을 갖춘 새로운 사회로 이끌기 위해 필요한 제도들을 고안해야 한다고 강조했다. 한편, 베버는 관료제가 근대사회의 보편적인 현상이 될 것을 예견하면서 그것이 갖는 문제점을 환기시키는 일을 잊지 않았다. 하지만 그는 관료제의 문제를 어떻게 해결할 것인가에 대해서는 명확한 답을 제시하지 않았다. 그 이유는 관료제란 쉽게 붕괴되지 않고, 시간이 지날수록 보편적인 사회 조직으로 등장할 것이라는 비관적 사고 때문이었을 것이다.

사회학은 근대의 학문이며, 근대사회의 수립과 성장 과정에서 초래된 많은 문제들을 진단하고 해결하기 위한 학문으로 발전해 나갔다. 어떤 점에서 보자면 현대 사회학은 본질적으로 초기 사회학(고전사회학)의 문제의식과 접근법을 그대로 계승하고 있다고 해도 과언이 아닐지 모른다. 부르디외와 기든스를 비롯해, 많은 사회학자들이 현대 세계의 가장 중요한 현상들 중의 하나인 세계화를 진단하고 해답을 제시하고자 하는 것은 사회학의 오랜 전통에 속하는 일이었다. 또한 세계화에 대한 부르디외와 기든스의 사회학적 접근법 역시 위에서 언급한 고전 사회학자들의 시각과 방법들의 영향 속에서 만들어진 것이다. 이제 우리는 사회학의 특성과 고전 사회학자들의 이야기를 염두에 두고 부르디외와 기든스의 사회학으로 들어가보자.

부르디외, 사회학의 여정

프랑스의 대학 제도는 위니베르시테^{université}로 불리는 일반대학과 그랑제콜$^{grandes\ écoles}$로 불리는 특수대학으로 구분되어 운영되고 있다. 프랑스 고등학교를 졸업한 학생들은 '바칼로레아$^{bac-calauréat}$'라는 대학 입학시험을 치러 일정 점수 이상을 받으면 자신이 원하는 일반대학에 입학할 수 있다. 그러나 그랑제콜에 입학하기 위해서는 대학 입학시험만으로는 충분하지 않다. 그곳에 입학하고자 하는 학생들은 바칼로레아에 합격한 후, 2년간의 준비반^{CPGE}을 거쳐 자신이 원하는 그랑제콜의 입학시험에 합격해야 한다. 그런데 그 입학시험이 요구하는 자격과 실력 기준이 보통 엄격한 것이 아니다. 그럼에도 불구하고 문학가, 과학자, 정치가, 철학자, 전문 경영인, 고급 행정관료 등을 꿈꾸는 프랑스의 많은 학생들은 그랑제콜에 입학하기 위해 짧지 않은 준비 기간도 기꺼이 감수한다. 왜 그런가? 답은 간단하다. 프랑스를 빛

낸, 그리고 현재 빛내고 있는 저명
한 인물들 대부분이 그랑제콜 출
신들이기 때문이다. 프랑스의 그
랑제콜은 국가 엘리트의 양성기관
으로서 출세와 사회적 명성을 보
장하는 학교인 것이다.

프랑스를 대표하는 사회학자의
명성을 이어간 피에르 부르디외

현대 프랑스의 대표적 사회학자 부르디외

Pierre Bourdieu, 1930~2002 역시, 교육자를
양성하기 위해 1794년 혁명정부가
창설한 그랑제콜인, 에콜 노르말 쉬페리외르École Normale Supérieure, 고등
사범학교를 졸업했다. 그런데 대부분의 고등사범학교 학생들이 파
리의 상류층 자제들이었던 것과는 달리, 부르디외는 지방의 평
범한 집안 아들이었다. 그는 1930년 프랑스 남서부 피레네자틀
랑티크 지방의 당갱Denguin이라는 소도시에서 우체국 공무원의 아
들로 태어났다. 중학교까지 마친 후 부르디외는 지방의 고등학
교와 대학교를 졸업해 평범한 삶을 살기보다는, 파리로 유학을
가 새롭고 색다른 삶을 살아가기로 결심한다. 그의 파리 생활은
루이르그랑 고등학교Lycée Louis-le-Grand에 입학하면서 시작된다.
1563년에 설립된 루이르그랑 고등학교는 앙리 4세 고등학교Lycée
Henri IV와 함께 파리의 대표적인 명문고로, 사르트르Jean-Paul Sartre,
1905~1980와 같은 프랑스의 저명한 학자와, 시라크Jacques Chirac, 1932~
대통령 같은 유명한 정치가를 배출한 학교다. 부르디외는 고등
학교를 마친 후 1951년에 고등사범학교에 입학하게 되면서 출세

를 위한 엘리트 교육코스를 밟아나간다.

부르디외가 다니던 고등학교와 대학교는 엘리트 코스였던 만큼 프랑스 상류층 자제들이 대부분이어서 프랑스 상류 문화가 지배적이었다. 그는 그 시절의 경험을 긍정적으로 흡수하기보다 비판적이고 부정적으로 바라보았다. 그의 이러한 시각은 어떻게 보면 당연할 수 있을 듯하다. 지방 소도시에서 성장한 부르디외에게 파리 상류 계급 문화의 경험은 일종의 문화적 충격이었을 수도 있고 그렇기 때문에 상류 문화로부터 일정한 거리두기를 시도했을 법도 하다. 하지만 부르디외는 그러한 문화적 경험을 단지 개인적인 선호의 문제로만 이해하고자 하지 않았다. 그는 그 경험 속에서 자신의 사회학의 핵심적 주제들 중의 하나인 '사회적 지배 양식으로서 교육 제도'에 대한 근본적인 문제의식을 끄집어내었던 것이다. 나중에 다시 보겠지만 부르디외는 1964년에 출간된 《상속자: 학생과 문화 Les héritiers: les étudiants et la culture》 등의 저술 속에서 그런 문제의식의 일단을 예리하게 드러냈다. 이렇듯 감수성이 예민한 청소년 시절에 겪은 새롭고 놀랄 만한 경험이 향후의 인생행로에 매우 큰 영향을 미치게 된다는 점은 부르디외에게도 예외는 아니었던 것 같다. 부르디외는 지방 소도시에서의 삶이 자신을 사회학자로 만드는 데 어떠한 영향을 미쳤는가를 다음과 같이 말하고 있다.

사회학자로의 전환은 내 자신의 사회적 경험과 무관한 것이 아니었다. 나는 프랑스 남서부의 외진 소도시에서 청소년기의 대부분을 보냈다. 학교 제도가 요구하는 것들에 맞추기 위해 나로서는 사투리뿐만 아니라 어릴 적의 여러 경험들과 성격까지 버려야 했다. 프랑스의 경우, 멀리 떨어진 시골에서 왔다는 사실, 특히 루아르 강 남쪽에 위치한 시골에서 왔다는 사실은 식민지에서 왔다는 사실과 크게 다르지 않다는 몇몇 특성들을 느끼게 한다. 다소 예민한 사회적 차별 형태가 나로 하여금 일종의 통찰적 사고를 자극했다. 자신이 이방인 같다고 느끼게 하는 상황은 그것을 겪어보지 않은 사람들이라면 보고 느낄 수 없을 것들을 깨닫게 해준다.

한편, 부르디외는 고등사범학교 생활 동안 자신의 사회학 이론을 구축하는 데 필요한 철학적 기초를 다질 수 있었다. 그는 2차 세계대전 이후부터 1950년대를 풍미했던 실존주의^{existentialism}와 현상학을 공부했으며, 고등사범학교 동료들이 심취해 있던 마르크스 철학에 대해서도 탐독했다. 부르디외는 또한, 고등사범학교의 철학 강의에 만족하지 않고(그는 고등사범학교의 철학 강의에 대해서는 큰 자극을 받지 못했다) 밖으로 시선을 돌리게 되는데, 당대 최고의 학자들만이 모인다는 콜레주 드 프랑스^{Collège de France}의 철학 강의에 참석하기도 했다. 여기서 그는 당시의 지배적인 철학적 흐름, 특히 실존주의를 비판할 수 있는 학문적 식견을 키우게 된다.

1955년 고등사범학교를 졸업한 부르디외는 철학교사 자격시험에 합격해 중등교사 자격증인 아그레가시옹^{agrégation}을 취득한다. 그런데 대학을 졸업한 부르디외에게는 군복무의 문제가 남아 있었다. 지금은 아니지만, 당시 프랑스 청년들에게는 병역의 의무가 있었기 때문이다. 하지만 병역의 의무를 마치기 위해 반드시 군대 생활을 해야 할 필요는 없었다. 우리나라에도 국방에 관련된 연구소나 산업체에서 대체 군복무를 할 수 있는 제도가 있듯이 프랑스 역시 대체 군복무가 가능했다. 부르디외는 당시 프랑스의 식민지였던 알제리의 알제 문학대학에서 조교로 2년간의 대체 군복무를 마치고 1961년 프랑스로 귀국했다. 부르디외가 사회학자로 성장하는 데 고등학교와 대학교에서의 문화적 경험이 컸듯이 알제리에서의 조교 활동 역시 큰 영향을 미쳤다. 그곳에서 부르디외는 알제리의 특수한 사회문화적 분위기에 큰 관심을 갖게 되고 그러한 사회문화적 특수성의 원인을 찾고자 하는 데 노력을 기울였다.

부르디외가 생각한 알제리의 사회문화적 특수성이란, 1830년 이래 100년 이상의 프랑스 식민정책 속에서 알제리에 프랑스의 근대화된 제도와 가치관 및 문화가 도입되고 이식되었음에도 알제리 사람들이 근대화된 서구의 제도와 문화에 쉽게 적응하지 못하는 상황에 관련된 것이었다. 그는 그 상황에 대한 답을 알제리 사람들이 외부의 압력과 충격으로부터 잘 견뎌내는 고유의 사고방식과 행동방식을 과거로부터 배우고 체화體化하여 아직도 유지하고 있다는 사실에서 찾고자 했다. 이러한 사례를 통해 부르디외 사회학의 중요한 문제의식인 '사회 구조 또는 제도와 개인 행동의 관계'의 단초가 형성된 것으로 보인다. 부르디외는 알제리에서의 이러한 학문적 관심과 자극에 힘입어 자신의 학문적 방향을 철학으로부터 인류학과 사회학으로 확대하게 된다.

1961년 프랑스로 귀국한 부르디외는 소르본Sorbonne 대학(지금과 같이 13개로 분할되기 전의 파리 대학)과 릴^{Lille} 대학에서 학생들을 가르쳤고 그로부터 3년 뒤인 1964년에는 고등실천연구원^{École} Pratique des Hautes Études(일종의 대학원 대학교라고 할 수 있는 사회과학고등연구원^{École des Hautes Études des Sciences Sociales}의 전신)에서 교편을 잡았다. 이 연구원에서의 생활 역시 부르디외의 학문적 여정에 큰 여향을 미쳤다고 볼 수 있는데 왜냐하면 거기서 그는 당대 최고의 사회학자로 불리던 레몽 아롱^{Raymond Aron, 1905~1983}＊을 만나 그의 문하생으로 활동할 수 있었기 때문이다. 근 4년간의 생활을 통해 부르디외는 아롱의 학문적 영향력 아래에서 본격적인 사회학자의 길로 들어서기 위한 기초를 닦을 수 있었다.

하지만 부르디외가 사회학자가 된다는 것은 고등사범학교에서 공부할 때의 분위기 속에서 쉽게 상상할 수 없던 일이었다. 왜냐하면 당시의 철학자들, 특히 고등사범학교의 철학자들이 사회학자들에 대한 경멸의 눈초리를 보내고 있었기 때문이었다. 고등사범학교의 철학자들이 볼 때 사회학이란 철학에서 실패한 사람들이 선택한 학문에 불과한 것이었다. 그들에게는 고등사범

⅄ 레몽 아롱

프랑스의 정치사회학자이자 철학자. 이데올로기적 교조성에 대한 회의주의자로 유명하다. 사르트르와 마르크스주의자들이 소련을 무조건 지지하는 것을 비판하면서 서방세계 연합을 강력히 지지했으며, 1968년 프랑스 학생 폭동을 지지한 동료 학자를 비판하기도 했다. 또 식민주의에 반대해 프랑스가 알제리에서 철수할 것을 주장했으며 샤를 드골(Charles de Gaulle, 1890~1970)을 비판하는 데 주도적인 역할을 했다.

학교를 졸업하고 철학교사 자격증을 획득하는 길이 정통적인 학문의 길이었다. 그런데 그렇게 열등한 사람들이 고등사범학교의 수재들이 치르는 철학교사 자격시험 담당관으로 일하는 모습은 철학자들에게 결코 유쾌한 일은 아니었을 것이다.

하지만 이러한 상황은 1960년대에 들어오면서부터 변화하기 시작한다. 이러한 변화를 만들어낸 중요한 학자가 있는데 그가 바로 클로드 레비스트로스Claude Lévi-Strauss, 1908~다. 레비스트로스는 부르디외와 마찬가지로 철학자로 시작해 인류학자와 사회학자로 변모했고, 부르디외가 몸담고 있었던 고등실천연구원 교수로 1950년부터 1974년까지 재직했다. 그는 프랑스 학계에 새로운 학문 조류로서 구조주의structuralism를 등장시킨 대표적인 학자라고 할 수 있다. 구조주의 인류학structural anthropology의 창시자로 불리는 레비스트로스는 스위스의 언어학자 소쉬르Ferdinand de Saussure, 1857~1913 의 구조언어학 원리를 원시사회의 생활에 적용해, 그곳의 사회문화적 행동 양식의 근본 원리로 기능하는 '구조'를 파악함으로써 겉으로는 이해할 수 없고 모순되는 것처럼 보이는 행동들을 논리적으로 설명해내고자 했다. 레비스트로스의 이러한 노력들은 《친족의 기본 구조Les Structures élémentaires de la parenté》(1949), 《슬픈 열대Tristes tropiques》(1955), 《구조인류학Antropologie structurale》(1958) 등으로 결실을 맺었다. 레비스트로스의 등장은 2차 세계대전 이후 프랑스 지성계를 풍미했던 실존주의에 대한 하나의 거대한 도전 세력이 등장했음을 의미하는 것이었다. 이후 프랑스에는 구조주의 원리를 원시생활만이 아니라 현대 세계의 정치, 경제, 문화, 일상생활 등의 영역에까지 적용하는 흐름이 형성되면서 이른바

'구조주의자 structuralist'로 불리는 학자들이 나타나기 시작한다.

구조주의자들의 등장이 실존주의의 사유체계에 대한 도전이 되는 이유는 무엇일까? 실존주의는 인간의 사고와 행동의 근본적인 동기를 '나' 개인의 의지와 선택의 결과물로 보고 있다. 하지만 구조주의는 정반대의 입장을 보이고 있는데, 구조주의에 따르면 개인의 생각과 행위는 그 개인의 고유한 의지의 산물이 아니라 그 개인이 살아가고 있는 사회의 부산물인 것이다. 인간의 사고와 행동의 근본적 원인에 대한 입장이 전혀 다른 것이다. 다른 각도에서 보자면 실존주의에서는 개인이 능동적이고 자발적인 존재로 여겨지는 반면 구조주의에서 개인은 개인 외부에 존재하는 사회 구조의 영향 아래에서 수동적이고 기계적인 존재로 간주된다. 사회학자로서 부르디외의 모습이 본격적으로 형성되기 시작한 1960년대 프랑스 학계는 이렇듯 실존주의에 대한 구조주의의 도전으로 특징지을 수 있다.

부르디외의 사회학은 이러한 두 사유체계의 대립을 극복하고자 하는 노력 속에서 형성되었다고 할 수 있다. 그는 인간을 둘러싸고 있는 사회의 영향력을 고려하지 않고 인간의 사고와 행위를 이해하고자 하는 실존주의적 사유체계를 비판적으로 생각했지만 그에게 더 중요한 문제는 그러한 실존주의적 논리를 전면적으로 부정하면서 등장한 구조주의적 사유체계에 대한 것이었다. 그가 생각하기를 구조주의는 사회의 영향력과 결정력을 너무 강조한 나머지, 사회에 대해 인간이 갖게 되는 능동적 사고력과 자발적 행동의 가능성을 극단적으로 축소시키는 결과를 초래했다. 이러한 사유 속에서 부르디외는 자신의 사회학의 임무가 "주체 없는 구조주의와 주체의 철학 간의 양자택일을 피하게 하는 방법"을 찾는 데 있다고 한 인터뷰를 통해 밝힌 바 있다. 여기서 말하는 주체란 사회의 영향을 받지 않고 자발적으로 사고하고 행동할 수 있는 인간을 의미하는 것이다. 구조주의와 주체의 철학은 이러한 주체를 인정하는가, 부정하는가의 문제로 대립되어 있었고 부르디외는 그 두 가지 사유체계 중 어느 하나를 택하는 것이 아니라 그 둘을 종합할 수 있는 방법을 찾고자 한 것이다. 나중에 자세히 살펴보겠지만 부르디외 사회학에서 핵심적 위치를 차지하는 '아비투스^{habitus}'란 개념은 바로 이러한 두 사유체계의 대립을 극복하기 위해 고안된 개념이다.

부르디외 사회학의 특징은 일명 상아탑으로 일컬어지는 대학 안에서 '나 홀로'만의 고답적인 방식이 아니라 의견을 같이하는 동료 학자들과의 협력에 의해 이루어졌다는 데 있다. 예컨대, 부르디외는 1968년 고등실천연구원에 유럽 사회학 연구센터^{Centre de Sociologie Européenne}를 설립하고 자신의 사회학적 방향과 뜻을 같이하는 학자들과 함께 많은 연구들을 수행했으며, 그러한 연구성과들은 《사회과학연구^{Actes de la Recherche en Sciences Sociales}》를 중심으로 발표되었다. 부르디외를 일약 프랑스 지성계를 대표하는 인물들 중의 하나로 올려놓은 책인 《구별짓기^{La distinction}》(1979) 역시 그 당시 집단적 노력의 결실이라고 할 수 있다.

1990년대 중반에 이르러서 부르디외의 학문 활동은 사회학을 대중화시키기 위해 노력하는 방향으로 전개된다. 그는 자신의 동료 집단들과 함께 1995년 12월 '행동하는 이성'이란 뜻의 지식인 연대 조직 '레종 다지르^{Raison d'agir}'를 결성하고 그러한 조직 아래

'자유-행동하는 이성'이라는 뜻의 '리베르 레종 다지르^{Liber-Raison} ^{d'agir}'출판사를 설립해 사회 비판을 위한 대중 서적들을 출간했다.

그런데 레종 다지르가 결성될 즈음인 1995년 11월, 부르디외가 사회 문제에 대한 학문적 폭로와 고발에 힘쓰는 지식인의 모습에서 벗어나 사회 속에 직접 뛰어드는 실천적 지식인의 모습으로 변모하게 되는 중대한 계기가 나타난다. 당시 시라크 대통령과 쥐페^{Alain Juppé, 1945~} 총리가 이끄는 공화국연합^{Rassemblement pour la} ^{République, RPR} 정부가 계획한 사회보장제 개혁안(일명 '쥐페 계혁안')에 대해 프랑스 노동자들이 전면적으로 반대하며 일어났던 것이다. 그 개혁안은 국가의 공공재정 적자를 해소하기 위해 퇴직연금을 포함, 프랑스 공기업 노동자들의 사회보장 혜택을 줄이고, 프랑스 국영철도^{SNCF}를 민영화하는 것을 골자로 한 법안이었다. 그 개혁안이 의회에 제출되자 철도 노동자를 위시해 엄청난 숫자의 노동자 조직들이 거리로 쏟아져 나왔다.

근 3주간 전개된 총파업의 상황 속에서 부르디외는 '지식인들에게 파업 지지를 호소함'이라는 슬로건 아래 쥐페 계혁안에 대한 노동자들의 투쟁에 참여하게 된다. 이때부터 부르디외는 사회 비판과 고발이라는 지식인의 임무를 넘어 실천하는 지식인으로서의 모습을 명확하게 보여주게 된다. 결국 쥐페 계혁안이 취소되었고 그 사태의 후유증 속에서 공화국연합 정부는 1997년 5월의 총선거에서 사회당의 당수였던 조스팽^{Lionel Jospin, 1937~}이 이끌던, 사회당·공산당·녹색당 연합의 좌파에게 패배하게 된다. 좌파연합의 총선 승리는 프랑스 행정 권력이 우파 대통령(시라크)과 좌파 총리(조스팽)에 의해 분점되는 이른바 '동거정부^{코아비}

타시옹 *, cohabitation'를 만들어냈다.

　참여하는 지식인으로서 부르디외의 모습은 1995년 12월의 사태에서 그치지 않는다. 1997년 겨울, 그는 조스팽 총리의 좌파정부 아래에서 발발한 실업자 시위에도 적극적으로 참여하면서 언론을 비롯한 사회적 여론이 이들의 문제에 관심을 가질 것을 호소했다. 그는 이듬해 4월 8일, 프랑스의 대표적 일간지인《르 몽드 Le Monde》에 〈좌파 중의 좌파를 위하여Pour une gauche de gauche〉라는 제목의 논설을 기고하면서 조스팽 정부에 대한 신랄한 비판을 가하기도 했다. 1998년에 들어 부르디외의 정치적 실천은 교육 문

⋎ 코아비타시옹

코아비타시옹, 즉 동거정부란 글자 그대로 서로 이념을 달리하는 정당의 정치인이 행정부에 함께 자리를 잡고 있는(권력을 나누어 갖는) 정부를 의미한다. 프랑스는 그러한 동거정부를 지난 1986년과 1993년에도 경험했다. 왜 이런 일이 발생하는 것일까? 일반적으로 행정부는 대통령 중심제일 경우 대통령에 의해 독점되고 의원내각제일 경우 의회 다수당의 당수(총리)에 의해 독점된다. 이와 달리 프랑스는 대통령과 총리가 행정부 기능을 분점하는 이원집정부제(二元執政府制)를 취하고 있다. 대체로 대통령이 외치(外治)를 담당하고 총리는 내치(內治)를 맡는 형태다. 그렇다면 프랑스는 왜 이원집정부제를 택했을까? 이를 이해하기 위해서는 복잡한 프랑스 정치사를 정확히 알아야 하지만, 간단히 말하자면 의원내각제의 전통이 강한 프랑스에 1950년대 후반부터 강력한 대통령 중심제가 도입되었다는 역사적 사실과 관련이 있다. 지난 시절 프랑스 대통령의 임기는 7년이었던 반면, 국회의원 임기는 5년이었다. 2년의 차이가 선거를 통한 정치적 지지의 차이를 만들어낼 수 있었던 것이다. 이런 이유로 프랑스는 대통령의 임기를 7년에서 5년으로 줄이는 개헌을 실시한 바 있다. 그런데 이원집정부제라고 해서 이념을 달리하는 두 정당에 의해 행정부 권력이 분점되는 것은 아니다. 2006년의 프랑스 행정부는 대통령과 총리 모두가 같은 당 출신이다.

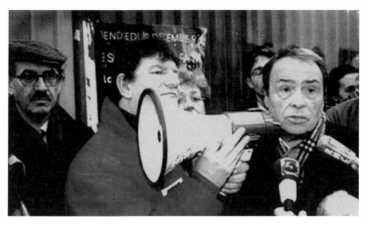

1998년 고등학생 시위에서 지지를 표명하는 부르디외

제로 확대된다. 그는 고등학생 전국 조직인 '민주독립고교생연
맹'과 '전국고교생연맹'이 이끈 1998년 10월의 시위에서 열악한
교육 여건의 개혁(교사 충원, 학급당 인원 축소, 학교 생활 개선)에
대한 열렬한 지지를 표명했다. 또한 2000년 6월에는, 미국 주도
의 '경제 세계화'에 대한 저항의 표시로 신축 중인 맥도널드 상점
을 깨부순 프랑스 농민 운동가 조제 보베[José Bové, 1953~]의 선거공판
이 열린 미요[Millau]에서 보베 지지를 표명하면서 경제 세계화에 대
항하기 위한 '진보주의적 비판 세력'이라는 네트워크의 결성을
독려하기도 했다. 이러한 일련의 사회 참여를 통해 부르디외는
반세계화에 대항하는 '실천하는 프랑스 지식인의 면모'를 유감없
이 발휘했다. 실천하는 지식인으로서 부르디외의 모습은 거리에
서만 이루어진 것은 아니었다. 그는 1990년대 중반부터 그가 혐
오해 마지않았던 텔레비전을 포함해 대중 매체에 적극적으로 모

습을 드러내며 현대 미디어가 불평등한 사회적 현실을 얼마나 심각하게 은폐하고 있는가를 비판하는 데 노력을 경주했다. 이는 마치 호랑이를 잡으러 호랑이 굴에 들어간 상황과 흡사할 듯하다. 그는 1996년에 《텔레비전에 관하여^{Sur la télévision}》를 발간함으로써 자신의 미디어 비판을 대중과 공감하고자 했다.

부르디외는 2002년 1월 23일 파리의 생트앙투완 병원에서 지병인 암으로 71세에 사망했다. 부르디외를 주인공으로 다룬 다큐멘터리 영화 〈사회학은 전투의 스포츠다^{Sociology Is Combat Sports}〉(2001)가 말해주듯이 부르디외 사회학은 모순적인 사회 현실을 고발하고 그에 저항하는 학문이었던 것이다.

👥 만남 4 계급 사회의 구별짓기 전략

'사회는 근본적으로 불평등하다.' 부르디외의 사회학은 바로 이 지점에서 출발한다. 여기서 출발한 부르디외의 문제의식은 곧 이어 다음과 같은 질문들로 이어진다. '사회가 불평등한 이유는 무엇인가?', '사회적 불평등은 어떻게 만들어지고 유지되는가?', '사회가 불평등함에도 질서가 유지되는 이유는 어디에 있는가?', '이러한 사회적 불평등을 어떻게 해결할 수 있을까?' 이렇게 부르디외의 사회학은 불평등, 지배-피지배 관계, 사회질서가 어떻게 만들어지고 유지되는가를 밝히는 데 궁극적 목적이 있다.

부르디외의 학문적 관심사는 사실상 마르크스, 베버, 뒤르켐으로 대표되는 고전사회학자들의 문제의식들을 계승하고 그것들을 하나로 통합한 것이다. 우선, 부르디외의 사회학은 마르크스의 계급론을 바탕으로 하고 있다. 마르크스가 사회는 생산수단을 소유한 유산 계급과 그렇지 못한 무산 계급 간의 불평등한 관계를 본질로 한다고 주장했듯이 부르디외 역시 사회를 불평등한 계급 관계와 계급 간의 투쟁이라는 시각 속에서 바라보고 있다. 하지만 그렇다고 해서 부르디외의 계급론이 마르크스의 계급론을 그대로 반영한 것은 아니다. 부르디외가 마르크스 계급론으로부터 이탈하게 된 것은 무엇보다 베버의 영향력 때문이었다. 먼저, 부르디외는 이분법적인 계급 구분이 현실적으로 맞지 않는다고 생각하면서 사회 속에는 셋 이상의 다양한 계급들이 존재할 것이라고 말했다. 또한 물질적 생산수단이 계급 구분의 한 기준일 수는 있지만, 유일한 기준일 수는 없음을 강조했다. 계급을 나누는 데는 문화, 교양, 지식, 교육, 권위, 평판 등과 같은, 생산수단에 속하지는 않지만 그만큼 중요한 의미를 갖는 요소들도 고려되어야 한다는 것이다. 아울러 한 계급이 갖는 권력과 권위는 그 계급의 내적인 능력에 기인하는 것이 아니라 다른 계급의 믿음과 승인을 통해 만들어지는 것이라고 말했다.

한편, 뒤르켐 역시 부르디외의 사회학에 중요한 영향을 미쳤다. 부르디외 역시 뒤르켐을 따르는 프랑스 사회학의 전통 속에서 살았던 인물이기에, 사회란 객관적으로 존재하는 것이며 인간들의 생각과 행동을 제약하고 구속하는 실체라는 견해를 받아들였다. 또한 사회 질서에 대한 부르디외의 관심 역시 그 방향은 결코 같지 않았지만 어쨌든 뒤르켐의 사회학으로부터 나온 것이라고 볼 수 있다. 결국 부르디외는 마르크스, 베버, 뒤르켐의 사회학적 논리들을, 부분적으로 받아들이고 부분적으로 비판하면서 종합하는 방식으로 자신의 사회학을 만들어나갔다. 물론, 이

세 사람들만이 부르디외 사회학 형성에 영향을 미친 것은 아니다. 그는 실존주의, 구조주의, 현상학, 언어학, 생철학 등 당대의 중요한 인문학적·사회학적 조류들을 비판적으로 계승하면서 자신의 사회학을 풍부하게 했던 것이다.

자, 이제 이러한 배경적 지식을 가지고 부르디외의 사회학으로 들어가보자. 그렇지만 난해하기로 정평이 나 있는 부르디외의 사회학에 어떻게 쉽게 접근할 수 있을까? 부르디외 사회학을 이해하기 위해 우리 일상생활의 경험을 살피는 일로 시작할 것을 제안한다.

함께 생각해보고자 하는 경험 사례는 바로 '제사祭祀'다. 제사는 해마다 정기적으로 돌아오고 특별한 일이 없다면 우리는 그 행사에 꼬박꼬박 참여한다. 그런데 그 제사를 바라보는 남성과 여성의 시선은 다를 수밖에 없다. 왜 그럴까? 아마도 제사의 불평등한 노동 분업 때문일 것이다. 남성은 이른바 '정신노동'을 하고 여성은 육체노동을 한다. 그런데 노동 분업 구조가 불평등하기 때문에 잘못되었다는 인식이 공감대를 형성하고 있음에도 왜 개선되지 않고 있을까? 다시 말해 그러한 구조적 질서가 유지되는 이유는 무엇인가? 그러한 질서를 유지시키는 힘과 논리는 무엇일까? 이를 알기 위해서는 제사라는 형식이 지금처럼 유지되는 것이 누구에게 유리할 것인가를 질문해야 할 것이다. 이는 의심할 바 없이 남성들이다. 그렇다면 남성들은 여성들에게 어떻게 그런 불평등한 질서를 강제할 수 있을까? 또한 여성들은 왜 그러한 질서에 따르는 걸까?

불평등한 질서를 강제하고 받아들이는 것은 제사를 둘러싼 남성과 여성이 갖는 힘과 영향력이 같지 않기 때문이라고 설명할 수 있겠다. 남성은 경제력뿐만 아니라 다양한 형태의 문화적·상징적 힘을 보유하고 있다. 예컨대 남성은, 제사를 지내는 것은 남성에게 부여된 일이므로 경건하고 깨끗한 몸과 마음을 유지해야 한다는 전통적 관념의 수혜자인 것이다. 그런데 경제력을 쥐고 있는 여성이라도 제사 때 육체노동으로부터 면제될 수 없다는 점을 고려하면 경제력보다는 전통적인 관념과 관습이 더 중요해 보인다. 남성들은 행위와 공간의 철저한 분리를 통해 불평등한 성별 노동 분업구조를 지속적으로 유지해오고 있다. 그 분리란 어떤 모습인가? 먼저, 남성들은 자유롭게 움직인다. 제사 전에는 잠을 자거나, 텔레비전을 보거나, 밖에 나가는 등 행동에 어떠한 제약도 없다. 하지만 제사가 시작되면 그들은 말쑥한 차림으로 무대 '중앙에' 모여 선다. 여기에는 신성한 분위기마저 감돈다. 반면, 여성들은 남성들보다 '먼저' 도착해서 숨 돌릴 여유도 없이, 작업복으로 갈아입고 부엌으로 향한다. 하지만 제사가 시작되면 그들은 무대 '주변'으로 물러난다.

어느 누구의 명령이 없어도 남녀 간의 행위와 공간 배치상의 차이는 정확하고 자연스럽게 이루어진다. 이러한 모습은 정기적으로 반복되고 그 속에서 불평등한 노동 분업 구조와 질서가 유지되고 재생산된다. 여성들은, 그리고 일부 남성들은 이러한 불평등한 구조가 잘못되었다는 것을 잘 안다. 하지만 막상 제사 공간 속으로 들어오게 되면 의식과는 정반대 방향으로 몸은 자연스럽게 움직이기 시작한다. 이미 불평등한 구조와 질서가 깊이 자리잡은 탓이다. 만약 그러한 구조와 질서에 '온몸'으로 저항하는 사람이 있다면 그는 불을 보듯, 가족, 조상, 전통, 화목, 침묵, 조화, 도리 등의 이름으로 지탄받게 될 것이다.

이 사례는 우리가 지금부터 살펴볼 '장場', '자본', '아비투스', '상징폭력' 등 부르디외 사회학의 핵심 개념들을 파악하는 데 도움이 될 것으로 판단한다.

지배와 피지배의 공간, 장

부르디외에게 사회는 행위자들이 자신의 '이익'을 위해 움직이는 공간이다. 여기서 이익을 둘러싼 경쟁이 전개되며, 경쟁은 많은 이익을 얻은 사람과 적게 얻은 사람, 또는 아무것도 얻지 못한 사람을 만들어낸다. 그 결과는 사회적 불평등으로 나타날 것이다. 그런데 사람들이 얻고자 하는 그 이익이란 무엇인가? 경제적 부가 가장 중요한 사회적 자원인 시대를 살고 있는 우리는 가장 먼저 돈을 떠올릴 듯하다. 돈은 힘과 영향력, 높은 위치와 혜택을 만들어내는 가장 확실한 자원이다. 하지만 곰곰이 생각해보자. 경제적 부가 사회 내에서 사람들의 가치를 결정하는 유일한 기준일까? 예컨대, 돈은 많이 없지만 정치, 경제, 사회, 교육 등 여러 부문에 걸쳐 포괄적인 인맥관계를 형성한 사람이 있다고 하자. 그 역시 사회적으로 매우 큰 힘과 영향력을 행사할 수 있지 않을까? 또한, 경제적 부와 인맥은 소유하지 못했지만 높은 교육 수준과 문화적 소양을 갖춘 사람, 예컨대 교수는 어떠한가? 그 역시 사회적으로 무시할 수 없는 비중을 가지고 있는 사람으로 보인다. 또 다른 관점에서 다음과 같이 질문할 수 있겠다. 커다란 경제적 부, 인맥, 교육 등의 자원이 비합리적이거나 정당하지 않은 방법으로 획득된 것이라고 인식된다면 상황은 어떻게 될까? 아마도 합리적이고 도덕적인 방법으로 획득된 경우에 비해 약한 힘과 영향력을 보일 것이다. 아울러 종교 지도자와 같이 도덕성 그 자체가 매우 중요한 힘이 되는 경우도 있다.

경제력, 인맥, 교육, 도덕성을 보유한 사람은 다른 사람을 향해 자신의 힘과 영향력을 행사할 수 있다. 이렇듯 타인에 대한 힘과 영향력의 근원은 '자본capital'으로 불린다. 마르크스는 '경제자본'을 가장 중요한 자본으로 생각했는데 그는 돈을 가진 사람은 그 외의 다른 나머지 자본들도 갖게 될 것이라고 생각했기 때문이다. 즉, 경제적 유산 계급은 비경제적인 부문에서도 힘과 영향력을 행사한다는 것이다. 그러나 베버는 그러한 논리를 비판했다. 베버는 힘과 영향력의 원천에는 돈만이 아니라 교육, 문화, 다른 사람의 평판과 도덕성 등 비경제적인 자본도 속한다는 점을 강조했다.

자본에 대한 이해와 관련해, 부르디외는 마르크스보다는 베버에 가까운 것으로 보인다. 그는 사회 속에는 여러 형태의 자본들이 존재하고 있음을 강조했다. 부르디외는 사회 속에서 사람들이 획득하고자 하는 자본에 대해 돈을 의미하는 '경제자본', 학위와 자격증과 같은 '문화자본', 학연·지연·혈연과 같은 인적 네트워크를 의미하는 '사회자본', 그리고 명예·신용·평판과 같은 '상징자본'의 네 가지로 구분한다. 그런데 부르디외에 따르면 각각의 자본들은 상대적으로 '자율적인' 가치를 지니고 있다. 물론,

경제자본의 중요성을 간과할 수는 없지만 그렇다고 해서 마르크스와 같이 경제자본이 다른 모든 자본을 절대적으로 지배한다는 식의 주장에 대해서는 동의하지 않는다.

마르크스의 시각에서 사회는 절대적인 지배력을 갖는 경제자본의 획득을 둘러싼 단일한 경쟁 공간으로 나타나지만 베버나 부르디외가 볼 때 사회는 지배적인 자본이 무엇인가에 따라 다양하고 자율적인 경쟁 공간으로 구성된다. 부르디외는 사회 공간 내부에서 지배적인 자본을 둘러싸고 벌어지는 경쟁 공간을 '장champ'이라고 한다. 따라서 사회에는 여러 개의 자본이 존재하는 만큼 장 역시 여러 개가 존재하고 있는 것이다. 그는 경제자본이 지배하는 장을 경제적 장, 문화자본이 지배적인 공간을 문화적 장, 사회자본이 지배력을 행사하는 공간을 사회적 장으로 지칭한다. 자본의 유형에 따라 장의 성격도 다르지만, 이 모든 장들은 공통적으로 지배와 피지배의 공간이다.

그런데 모든 장이 절대적으로 독립적이지는 않다. 이 말은 특정한 장에서 자본을 획득한 사람은 역시 다른 장에서 자본을 획득할 기회와 가능성을 더 많이 갖게 될 것이고, 각 장을 지배하는 사람들끼리 상호협력 관계가 형성될 수도 있음을 의미한다. 이렇듯 사회를 여러 개의 장들로 구성된 공간으로 이해할 때 우리는 우리가 일상적으로 관찰하는 사회 활동의 모습을 적절히 파악할 수 있게 된다. 예컨대, 기업가들의 공간 속에서는 경제자본이 주요한 경쟁 대상이 되지만, 관료들의 경쟁 공간에서는 경제자본보다는 사회자본이 더 중요한 가치를 가질 것이며, 대학이나 연구소 등의 학계와 문화계 등에서는 문화자본이, 그리고 종교인들의 공간에서는 높은 도덕성과 청렴성에 대한 믿음과 평판 등 상징자본이 영향력의 원천으로 작용한다는 것이다.

부르디외는 이러한 여러 자본들을 누가 얼마나 많이 소유하고 있는가를 파악하고 그것을 통해 사회 전체적인 차원의 세력 분포도를 그려내고자 했다.

> 사회의 모습은, 사회생활 속에서 효과를 발생시키는 소유물 전체가 만들어내는 차이의 원리 또는 분포의 원리 위에서 구성되는 공간에 그릴 수 있다. …… 행위자들과 행위자 집단들은 그 공간 속에서 차지하고 있는 자신들의 상대적 위치에 의해 규정된다. 이들 각각은 자기 옆에 위치한 사람들과 정확하게 구분되는 위치 또는 계급(말하자면 공간 속의 명확한 한 지점)에 자리하게 될 것이며, 상상 속에서는 가능하지만 현실 속에서 사람들은 정반대되는 두 지점에 위치할 수 없다. …… 사회 공간은 다차원적 위치 공간으로 묘사될 수 있다. 다차원적인 좌표체계에 따라 현실적인 모든 위치가 규정될 수 있을 것이고 좌표체계 속의 값은 관련 변수들로 이루어진 값과 일치한다: 행위자들은, 첫째 차원에서 자신이 소유한 자본 총량에 맞추어 위치할 것이고, 둘째 차원에서 소유한 자본의 구성에 따라, 즉 소유한 자본 전체 속에서 각각의 자본이 차지하는 상대적 무게에 맞추어 위치할 것이다.

다음 페이지의 좌표계에서 볼 수 있듯이 좌표는 얼마나 많은 자본을 보유하고 있는가를 한 축으로, 보유하고 있는 자본들의

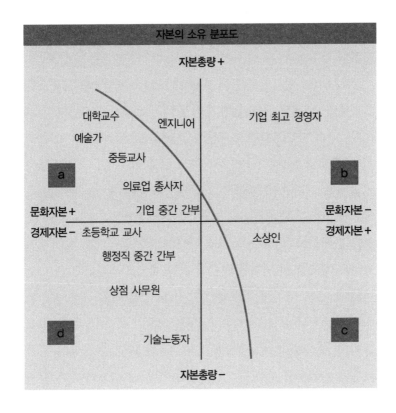

비중은 어떠한가를 또 다른 한 축으로 해서 만들어진 것으로, 사회의 다양한 직업군들은 이 좌표의 특정한 한 지점에 위치하게 되는데 이것은 궁극적으로 사회 내에서 자신의 계급적 위치를 의미한다. 그렇다면 이 좌표를 위에서 아래로 가르고 있는 곡선은 무엇을 뜻하는 것이며, 왜 부르디외는 네 종류의 자본 중에서 경제자본과 문화자본만을 고려했을까?

먼저, 곡선은 계급 이동이 불가능한 한계선을 뜻하는 것이며, 경제자본과 문화자본만을 고려한 이유는 그 두 가지가 사회적으로 가장 큰 영향력을 행사하는 자본이라는 판단에 따른 것으로 보인다.

부르디외는 이러한 좌표를 이용해 프랑스 직업들의 분포도를 그려냈다. 편의상 좌표의 네 부분을 각각 a, b, c, d로 부르기로 하자. 먼저, 좌표의 a에는 대학교수, 중등교사, 의료업 종사자, 기업 중간 간부, 엔지니어, 예술가 등이 위치한다. 그리고 b에는 기업 최고 경영자가 위치하고, c에는 소상인, 농업노동자 등이 차지하고 있다. 끝으로 d는 기술 노동자, 초등학교 교사, 행정직 중간 간부, 상점 사무원 등이 포함된다. 직업들이 좌표의 특정한 공간에 서로 모여 있다는 것은 동일한 계급적 위치에 있음을 의미한다. 물론 여기서 주의해야 할 점은 같은 공간 내에서도 각 직업군들의 위치가 다르다는 것이다. 예를 들어 a에 속하는 직업군의 경우 대학교수는 중등학교 교사보다 더 많은 자본 총량을 보유하고 있지만 문화자본의 비중에서는 예술가보다 낮은 위치를 점하고 있다.

그런데 여기서 부르디외는 직업들의 계급적 위치를 보여주었을 뿐만 아니라 그들이 누리는 고유한 취미 활동이 있음을 강조했다. 예컨대 a에 속하는 직업 종사자들은 등산, 피아노, 수영, 악기 연주, 산책, 자전거 타기, 체스 등을 즐기는 반면, b에 속하는 기업의 최고 경영자들은 테니스, 스키, 승마, 사냥, 요트 등을 즐긴다. 한편 c의 경우에는 낚시, 페탕크^{Pétanque, 쇠로 된 공을 굴리며 표적을 맞추는 놀이}를 즐기고, d에 속하는 사람들은 카드 놀이, 가벼운 오페라 등을 즐긴다. 직업과 취미 활동이 이런 방식으로 관련된다는 주장은 비현실적인 것처럼 보일 수도 있겠지만, 부르디외의 이 조사가 1970년대 후반에 수행된 것이라는 점을 고려해야 한다.

이 지점에서 우리는 '직업군의 분포도와 그것을 통해 계급 관계의 양상을 그리는 작업에서 부르디외는 왜 그들 고유의 취미 활동의 차이까지 드러내야 했을까'라는 질문을 하게 된다. 분명 부르디외는 특정한 직업군에 속하는 사람들의 사적인 취미활동을 보여주려고 한 것은 아니었을 것이다. 부르디외가 바라보는 사회는 자본의 획득을 위해 서로 경쟁하는 공간이다. 지배적인 위치를 차지하는 사람들은 자신의 자본을 유지하고자, 달리 말하자면 자신의 계급적 위치를 지키고자 할 것이고, 그렇지 못한 사람들은 자본을 늘림으로써 자신의 계급적 위치를 상승시키고자 할 것이다. 여기서 부르디외는 취미 활동을 상징자본의 관점에서 바라본다. 베버에 따르면, 한 계급은 경제자본, 문화자본, 사회자본을 확보함으로써 힘과 영향력의 기반을 가질 수 있지만 그것이 실효성과 안정성을 가지고 작용하기 위해서는 다른 계급으로부터 정당성, 즉 신뢰와 믿음을 끌어내야 한다고 말했다. 부르디외 역시 이러한 관점에서 상징자본의 중요성을 말하면서 취미활동이 상징자본 확보를 위한 과정이라고 강조하고 있다. 계급 간의 차이가 존재하는 사회 공간에서 취미 활동은 단순히 만족을 위한 개인적인 활동이 아니라 다른 사람들과 계급들을 향해 자신이 '다르다는 것'을, 우월한 위치에 있음을 알리는 전략적 활동인 것이다.

이렇게 볼 때 지배란 얼마나 더 많은 자본을 객관적으로 획득하는가의 차원을 넘어 계급 간의 차이를 드러내주는, 눈에 보이지 않는 일상 속의 미묘한 과정에 의해 이루어지고 있는 것으로 이해할 수 있게 된다. 부르디외에 따르면, 이런 것은 다른 계급이 보았을 때 의도된 계산 아래 이루어진 것이 아닌 것처럼 인식될 때 충분한 효과를 낼 수 있다고 한다. 그렇기 때문에 그러한 전략은 지극히 평범한 일상 행위 속에서 실천되어야 한다. 걷는 자세, 타인을 바라보는 방법, 말하는 태도, 음식을 먹는 자세, 옷 입는 스타일 등 우리가 별것이 아니라고 '착각하는' 행위들 속에 바로 계급 지배의 논리가 숨어 있다. 우리는 이제부터 아비투스와 상징투쟁의 개념을 통해 그런 문제들에 접근하고자 한다.

아비투스와 지배 질서

부르디외의 아비투스habitus 개념을 이해하기란 결코 쉽지 않다. 먼저, 이 말의 어원은 서양 고대 철학자 아리스토텔레스Aristoteles, BC 384~322가 인간의 행위를 지칭할 때 사용한 'habitude습관'에서 유래한다고 한다. 아리스토텔레스에게서 habitude는 서로 연관된 두 의미를 갖는데, 이 둘은 동일한 행위가 반복되면서 만들어진 것으로 한 방향으로 지향된 습관을 의미하는 '에토스ethos'와, 신체 훈련을 통해 체화된 행위 능력을 의미하는 '헥시스hexis'가 그것이다. 생각해보자. 우리가 어떤 행위를 한다고 할 때 그 행위는 물리적으로 몸을 움직이는 일이지만 몸을 움직이기 위해서는 마음속에서 어떤 작용이 일어나야 한다. 그렇듯이 우리가 어떤 '습관'을 갖는다고 할 때 그것은 마음이 일정한 방향을 갖는다는 의미와 그러한 방향에 따라 몸을 움직인다는 의미를 동시에 갖는 것으로 볼 수 있다. 부르디외가 사용하는 아비투스란 개념은 원리적으로 보아, 일정한 방향을 갖는 마음과, 일정한 방향으로 행동하는 몸을 통합한 것으로 이해해도 좋을 듯하다. 하지만 사회 분석의 개념으로 사용되는 부르디외의 아비투스는 위와는 다른 매우 독특한 의미를 갖는다.

앞에서 언급한 제사의 예를 가지고 논의를 시작해보자. 제사를 치르는 과정 속에서 우리는 남성과 여성 간에 나타나는 뚜렷한 행동 양식의 차이를 느낀다. 이미 묘사했듯이 여성은 제사 전에 쉴 틈도 없이 바쁘게 움직이고, 제사가 시작되면 자동적으로 뒤로 물러난다. 반대로 남성은 마음대로 시간을 보내다가 제사가 시작되면 단정한 모습으로 나타나 제사상 앞에 선다. 이러한 행동 양식을 어떻게 설명할 수 있을까? 이들은 각자 자신의 주관적이고 자율적인 의지에 따라 행동한 것일까? 그렇지 않다면 한국사회의 오래된 남성과 여성의 노동 분업 구조가 제사에 반영된 결과일까? 자율적인 의지에 의한 행동이라는 논리를 따른다면, 우리는 제사라는 오래된 제도가 남성과 여성, 특히 여성들에게 부과하는 보이지 않는 강제를 거부해야 하는데 과연 그것이 현실적으로 타당한 설명일까? 대체로 많은 여성들은 그렇게 하기는 싫지만, 그리고 그것이 불합리하다고 생각하지만, 자신의 합리적인 판단에도 불구하고 기존의 행동 양식을 되풀이한다. 여기서 우리는 분명, 제사라는 제도적 틀이 사람들의 행동을 제약한다는 사실을 인정해야 할 듯하다. 반면, 노동 분업 구조의 반영이라는 논리를 따른다면, 제사에 참석한 모든 사람들은 제사 속에 투영된 한국사회의 불평등한 노동 분업 구조를 그대로 따르는 기계적인 존재로 등장한다. 하지만 인간은 어떠한 상황 속에서도 자신의 행동에 대한 판단력을 가지기 때문에 이 논리 역시 현실적으로 한계를 갖는다. 그렇다면 어떻게 설명해야 할까?

우리는 이 한 예를 통해 인간의 행동에 대한 사회학적 시각들의 본질적 차이를 알게 된다. 어떤 사회학자들은 인간의 행동을 자신의 의지와 의도에 따른 것으로 본다. 여기서는 인간을 둘러싼 사회라는 객관적 조건이 고려되지 않고 모든 행동이 개인의 순수한 합리적 계산의 산물로 이해된다. 한편, 다른 사회학자들은 인간의 행동을 자신의 합리적인 의식이 아니라 자신이 살고 있는 사회적 규칙과 논리에 따라 표출되는 것으로 이해한다. 실존주의가 앞의 시각을 대변하는 논리라고 한다면 구조주의는 뒤의 시각을 대표하는 논리하고 할 수 있다. 우리는 이러한 두 개의 대립 논리를 주관주의 대 객관주의, 개인주의 대 전체주의라고 명명하기도 한다. 우리가 볼 때, 인간은 어떨 때는 자신의 의지대로 행동하는 것처럼 보이지만 어떨 때는 사회 규범과 규칙의 영향을 받는 듯하다. 또 다른 시각에서 보자면 인간의 행동은 개인의 의지와 사회적 요인, 이 둘이 모두 결합된 것처럼 보이기도 한다. 예컨대 어떤 사람이 실업으로 인해 자포자기의 삶을 산다고 할 때 그것은 개인의 판단에 따른 행동이기도 하겠지만 사회적인 문제로 발생한 것이기도 하다. 그렇다면 서로 대립되는

실존주의	구조주의
개인의 의지와 의도에 따른 행동	사회적 규칙과 논리에 따른 행동
주관주의	객관주의
개인주의	전체주의

이 두 시각은 인간 행동의 측면들을 어느 정도 설명해주고 있지만 인간 행동의 전체적 모습을 완벽히 설명해주지는 못하는 것으로 보인다.

부르디외 역시 사회학의 이런 오랜 문제를 풀고자 노력한 학자들 중의 한 사람이다(이에 대해서는 나중에 살펴보게 될 기든스 역시 예외가 아니다). 그가 볼 때 실존주의, 주관주의, 개인주의가 기초하고 있는 합리적 행위자로서의 인간은 현실적으로 맞지 않는다.

어떤 행위를 외부에서 볼 때 그 행위는 '게임감각feel for the game'에 의해 유도된 것임에도 불구하고, 마치 필요한 모든 정보와 그 정보를 합리적으로 측정할 능력을 갖춘 행위로 여겨진다. 그러나 그것은 합리성에 기초한 행위가 아니다. 이는 네트로 뛰어가는 테니스 선수의 충동적 결정 행위를 보면 쉽게 이해할 수 있다. 코치는 차후에 그 선수의 결정 행위를 합리적으로 분석하겠지만 선수는 그러한 논리에 따라 행동한 것은 아니다. 합리적 계산의 조건은 실천 과정에서는 결코 작동하지 않는다. 시간과 정보는 제한되어 있다. 행위자의 행위는 그야말로 '해야 할 유일한 행위the only thing to do'였던 것이다. 그 행위는 자신이 놓여 있는 자리와 유사한 조건들에 지속적으로 노출되면서 만들어진 '실행의 논리logic of practice'를 따르는, (행위자의 바깥에 존재하는—지은이) 외부 세계의 움직임에 대한 필연적 반응의 산물인 것이다.

또한 부르디외는 인간의 모든 행위를 사회로부터 강제된 결과

물로 생각하는 구조주의, 객관주의, 전체주의에 대해서도 문제
가 있음을 지적한다.

행위란 단순히 규칙 수행과정이 아니다. 또한 규칙에 종속되
지도 않는다. 원시 사회와 마찬가지로 우리 사회에서도 사회적
행위자social agents는 자신이 이해하지 못하는 법칙에 맞추어 움직
이는 시계 같은 자동기계가 아니다.

그렇다면 부르디외는 인간 행동의 이러한 양면성을 어떻게 해결하고자 하는가? 그는 아비투스란 개념을 통해 그 문제를 해결할 수 있다고 주장한다. 다시 우리의 예로 돌아가보자. 제사를 지낼 때 대체로 유사하게 나타나는 여성들의 행동 방식은 어떻게 형성된 것인가? 그리고 그것은 어떠한 원리를 따르는 것인가? 나아가 그것은 어떠한 효과를 만들어내는가? 또 다른 예를 들어보자. 식탁에서 식사를 할 때 여성은 어떻게 행동하는가? 밥과 국을 덜고 상을 차리는 일은 언제나 여자의 몫이다. 혹 남자가 일어나서 그 일을 하려고 할 때에도 그것을 보는 순간 여자는 서둘러 일어나 그 일을 대신한다. 이에 대해서도 우리는 마찬가지 질문을 던질 수 있다.

우선, 그러한 행동 양식은 상황에 대한 논리적 사고를 거치기 전에 즉각적으로 일어나는 것으로 보인다. 말하자면 머리로 생각하기 전에 몸이 움직인다는 것이다. 그렇지 않다면 머리의 판단과 몸의 움직임이 거의 동시에 일어나는 것으로 볼 수도 있다. 아비투스는 에토스와 헥시스가 하나로 결합된 것이라는 논리는 이 상황에도 부합하는 듯하다. 스포츠 경기에서 해설자는 종종 '감각적인 슛', '감각적인 동작'이라는 말을 하곤 한다. 그러한 행동을 한 선수는 무수히 많은 훈련을 거쳐 특정한 상황에서 해야 할 판단력과 움직임을 자신의 몸으로 체화한 것이라고 볼 수 있는데(부르디외가 말하고 있듯이 그 선수의 행동은, 사후적으로는 합리적인 시각에서 분석할 수 있지만, 경기 상황에서 글자 그대로 마음과 몸이 함께 움직이는 감각적 행위를 한 것으로 봐야 한다) 이는 위에서 예로 든 여성들의 행위에 대해서도 적용 가능하다. 여성은 어렸을 때부터 여성스러운 태도와 행동 방식에 대한 교육을 받는다. 어떻게 말하는 것이, 어떻게 표정 짓는 것이, 어떻게 행동하는 것이 여성스러운 것인가를 교육받는다. 그러한 교육은 반복된다. 그러한 교육에 부합하는 방식으로 행동했을 때는 칭찬이, 그 반대로 행동했을 때는 비난과 체벌이 가해진다. 그러한 과정이 반복되면서 여성은 여성스러움을 내면화하고 그에 따른 몸가짐과 행동을 체화하게 된다. 이제 여성은 여성스러움이 필요하다고 판단되는 상황에 처하면, 자신의 몸을 그 상황에 부합하는 방향으로 움직일 것이다. 이러한 점은 남성에게도 마찬가지로 적용될 수 있다. 왜냐하면 남성 역시 교육을 통해 남성다움과 남성스러움을 체화하기 때문이다.

부르디외는 아비투스를 다음과 같이 말하고 있다.

> 아비투스는 사회화되고 구조화된 육체이자, 특정한 장의 내재
> 적 구조들을 내화한 육체이다. 그것은 세계에 대한 지각과 그
> 속에서의 행동을 구조화하는 육체다.

이러한 설명은 아비투스라는 것이 단순히 개인의 취미나 취향과는 확연히 다른 것임을 알게 한다. 개인의 취향이란 글자 그대로 전혀 사회적이지 않은 사적인 태도를 의미하는 것이지만, 아비투스는 특정한 개인의 몸속에 체화된 것이기 때문에 개별적인 동시에 그 개인이 놓여 있는 사회적 위상의 반영이라는 점에서 사회적인 것이기도 하다. 제사와 식탁에서 보이는 여성의 움직임은 외양으로는 개별자의 선택 및 판단과 그에 따른 행동이지

만 그것은 남녀 불평등 구조의 산물인 것이다. 그것은 기계적인 행동이라고 할 수도 없고 온전히 자발적인 행동이라고 할 수도 없는 것이다. 이런 차원에서 부르디외는 아비투스를 '구조화된 구조'라고 말한다. 즉, 그것은 체계적인 행위 양식의 형태로 몸 속에 자리 잡은 사회질서인 것이다.

  하지만 부르디외가 볼 때 아비투스는 구조화된 구조일 뿐만 아니라 '구조화하는 구조'이기도 하다. 이는 무엇을 의미하는가? 제사와 식탁에서 나타나는 여성의 아비투스는 불평등한 사회질 서의 산물이기도 하지만, 그러한 아비투스가 발현됨으로써 제사 를 매개로 불평등한 사회 질서는 계속 유지된다고 할 수 있는데 이런 면에서 아비투스는 불평등 구조를 재생산하는 기능을 수행 한다. 아비투스는 사회 구조를 반영하는 구조이지만 사회 구조 를 다시 만들어내는 '생성'의 구조이기도 한 것이다. 여기서 흥 미로운 사실은 아비투스를 통해 기존의 지배-피지배 관계가 계 속 유지되고 재생산되지만 이러한 결과는 누군가가 의도적으로, 또는 의식적으로 준비해서 만들어낸 것이 아니라는 점이다. 오 히려 그 결과는 반복을 통해 무의식적으로 발현되는 행동을 통 해 나타난 것이다. 아비투스의 이러한 역할에 대해 부르디외는 다음과 같이 말하고 있다.

  계급들은 자신들의 존재 조건을 가지고 있고 그 조건으로부터 아비투스가 만들어진다. 아비투스란 지속적이고 치환될 수 있 는 성향체계, 구조화하는 구조로 기능하게 될 구조화된 구조, 말하자면 표상과 행위를 만들어내고 조직화하는 원리다. 그것은 지향하는 목적을 의식적으로 설정하지 않고도, 그리고 그 목적을 달성하기 위해 필요한 과정들을 의도적으로 준비하지 않고도 객관적으로 목적에 부합할 수 있도록 하는, 규칙들에 대한 복종의 산물이 아님에도 객관적으로 통제되고 규칙화될 수 있는, 그리고 그러한 모든 점들 때문에 지휘자의 통솔 행위의 산물이 아님에도 집단적으로 조화될 수 있는 원리다.

만약 그 아비투스가 불평등한 사회 질서를 유지하고 재생산한다면 그것은 대단히 정치적인 기능을 수행하는 것이다. 왜냐하면 불평등한 사회질서는 본질적으로 정치적인 지배-피지배 질서이기 때문이다. 그런데 불평등한 정치 질서를 유지하고 강화하는 역할에서 아비투스는 매우 독특한 위상을 차지한다. 지배-피지배 질서가 유지되고 강화되기 위해서는 여러 가지 수단들이 필요하다. 물리적 폭력(채찍)을 통해 다른 사람의 행동을 통제함으로써 질서가 유지될 수 있을 것이고, 경제적·심리적 시혜(당근)를 제공함으로써 다른 사람의 저항을 잠재울 수 있을 것이다. 이 두 수단은 눈에 보이는 것들로서 피지배자의 입장에서 지배자의 뚜렷한 정치적 의도를 느끼게 한다. 하지만 그것들만이 지배 질서를 유지하는 유일한 수단이 아니다. 예컨대, 불평등한 사회 질서임에도 마치 불평등하지 않은 것처럼, 지배받고 있음에도 지배받고 있지 않은 것처럼 보이게 하는 심리적 장치들이 존재한다. 우리는 이러한 장치들을 허위의식이라는 의미에서 '이데올로기ideologie'라고 부른다. 마르크스는 이데올로기를 이런 의미로 사용했다. 물론 마르크스의 논리에 반대하면서, 이데올로기는 진실을 은폐하는 역할을 넘어 보다 적극적인 기능, 즉 사람들로 하여금 그 사회가 살 만한 곳임을, 자랑스러운 곳임을 전파하는 기능을 수행한다는 입장도 있다. 이러한 의미의 이데올로기는 사회 통합의 기능을 담당하는 것으로 보인다. 1970~1980년대에 한국 사회를 지배했던, '민족 중흥', '정의 사회', '보통 사람의 시대'로 대변되는 이데올로기를 예로 들 수 있겠다. 이러한 이데올로기는 사람들의 정신 속에 파고들어 그들을 설득하거나 마비시킨다.

아비투스 역시 이러한 정치적 기능을 수행하지만 사람들의 몸에 자리잡고 있다는 면에서 위의 것들과는 다른 위상을 차지한다. 몸을 매개로 하는 아비투스는 한층 더 정교한 기능을 수행하는데 그것은 사람들로 하여금 자신의 무의식적 행동이 정치적인 기능과는 무관한 것으로, 평범하고 일상적인 행위에 불과한 것으로, 그리고 그저 자연스럽고 당연한 움직임으로 느끼게 한다. 이런 차원에서 부르디외는 '오인誤認, méconnaissance, misunderstanding'이라는 개념을 사용한다. 자기의 몸이 지배질서의 재생산에 기여하고 있음에도 자신은 그것을 모르고 있거나 착각하고 있다는 것이다.

육체 위에 새겨진 지배 관계의 산물인 아비투스는 구조화되는 구조이며 구조화하는 구조인 동시에 인식과 인정을 지배하는 실천의 원칙이다. 이는 지배자와 피지배자들 사이에 나타나는 차이, 즉 사회적 정체성을 만들어내는 주술적인 힘이다. 육체에 의한 인식은 피지배자들로 하여금 이러한 지배의 가정을 지속적으로 유지시키도록 한다. 이때 피지배자는, 스스로가 의식하지 못한 채, 자신의 의지와도 상관없이 자기에게 주어진 한계를 저항없이 받아들이며, 때로는 사회 질서 속에서 배제된 자신의 한계를 생산하거나 재생산하기도 한다.

이런 면에서 지배를 위한 다른 수단들의 경우, 물리적이건 심리적이건, 지배자의 '일방적인' 의지가 발현된 것이라면 아비투스는 지배자와 피지배자 간의 공모共謀 관계를 통한 지배 질서의 재생산으로 봐야 할 것이다. 이제 논의의 무게는 지배자가 아니라 피지배자가 지배 질서를 만들고 유지해나가는 데 자신도 모르는 사이에 어떻게 참여하는가에 놓이게 된다.

강남 번호판을 단 자동차

일상의 몇 가지 예들을 가지고 논의를 시작해보자. 몇 해 전, 서울 북쪽의 도봉구가 구민의 증가로 인해 두 개의 행정구역으로 나뉘게 되면서 새로운 구區의 명칭을 '강북구'로 정하기로 했는데 해당 지역 주민들이 그 명칭에 반대했다고 한다. 또한, 강북 지역의 차량 소유자 일부가, 강남 지역에 해당하는 차량번호판을 갖기 위해 주소지를 강남으로 이전시켰다는 이야기도 있다. 다른 예 한 가지. 우리나라 여성들은 샤넬, 구치, 루이뷔통 등 '명품' 브랜드를 선호하고 있는 듯하다. 남성도 예외는 아니다. 남성들 역시 벤츠나 렉서스와 같이 유명 자동차 브랜드에 대한 선호도가 있지 않은가.

우리는 이러한 현상을 어떻게 이해해야 할까? 이를 단지 지역

이름과 물건에 대한 개인적인 취향의 차이로 이해해야 할까? 만약 그렇다고 한다면 집단적으로 목소리를 내 구 명칭을 바꾸라고 하고, 시간적·재정적으로 과도한 비용을 지출해가면서 주소지를 이전하거나 명품을 구입할 필요가 있을까? 이를 좀 더 정확히 바라보자면 강남구와 강북구는 단순한 행정 지명이 아니며, 샤넬, 구치, 루이뷔통, 프라다, 벤츠, 렉서스는 단지 일상생활의 필요에 부응하는 물건들이 아닌 것이다. 그렇다면 그것들의 본질은 무엇인가? 그것은 구별의 '기호sign'다.

우리 사회에서 강남, 특히 강남구는 경제자본과 사회자본 그리고 문화자본이 응축되어 있는 지역으로, 한국의 경제적·사회적·문화적 '중심부'이자 '표준'인 지역이다. 반면 그에 속하지 않는 지역은 일종의 '주변부'이자 '예외'인 지역이다. 상황이 이러한데, 중심부와 표준을 지칭하는 강남구와 글자 그대로 대비되는 의미의 강북구라는 명칭을 누가 선호하겠는가? 또한 경제적 능력이 부족해 명품을 구입하지 못한 사람들은 모조품이라도 사서 그들에 근접하고자 한다. 여기서 중요하게 고려해야 할 사항은 우리가 일상생활에서 관찰하는 많은 명칭들과 물건들은 그 이름에 속한 사람과 그렇지 못한 사람, 그리고 그 물건을 소유한 사람과 그렇지 못한 사람을 '구분'하는 기능을 한다는 점이다. 이를 보다 일반적인 차원에서 접근하자면, 소유물과 행위를 포함하는 의미에서 문화란 개인의 사적 취향을 표출해주는 도구가 아니라 사람과 집단을 서로 다르게 만들어주는 수단이 된다는 것이다. 텔레비전의 많은 광고들은 바로 이러한 다름과 차이의 메시지에 호소하고 있는 것처럼 보이는데 이는 우리 사회에서

남들과 다르다는 느낌에 얼마나 집착하는가를 단적으로 드러내 주는 예라고 할 수 있다.

그렇다면 문화를 통한 '구별짓기'는 어떻게 이루어지는가? 또한, 구별짓기가 왜 필요한가? 앞서 언급했듯이 부르디외를 일약 프랑스 일급의 사회학자로 만든 저술인 《구별짓기》는 바로 이러한 문제에 답하고 있는 책이다. 먼저 구별짓기의 방식을 얘기해보자. 구별짓기는 단순히 나의 문화와 너의 문화가 객관적으로 다르다는 것을 말하는 데 있는 것이 아니다. 오히려 그것은 나의 문화는 가치 있고 향유할 만한 것이지만, 너의 문화는 쓸모없고 가치 없다는 식의 규범적 차원의 차이를 의미한다.

이는 결국 하나의 문화만을 진정한 의미의 문화로 삼으면서 다른 나머지 문화들을 문화 영역 바깥으로 밀어내버리는 논리다. 단 하나의 문화에만 문화로서의 보편적인 규범과 가치를 부여하게 되면 다른 문화들은 대수롭지 않고, 주변적인 또는 특수한 것

⅄ 다름과 차이를 추구하는 광고들

텔레비전을 포함해 여러 대중매체들이 제공하는 수많은 광고들 중에서 다름과 차이에 관한 메시지를 전달하는 광고의 예들을 생각해보자. "이 차를 타는 사람은 대한민국 1퍼센트에 속하게 될 것"이고, "이 화장품을 사용하게 되면 이 시대의 여왕이 될 수 있으며", "이 아파트에 살게 되면 이 사회의 귀족적 문화를 누리게 될 것"이라고 선전하는 광고, "이 담배를 피우는 사람은 시대를 이끌고 가는 리더가 될 수 있고", "이 옷을 입으면 만인의 부러움을 살 수 있으며", "이 신용카드를 사용하게 되면 품위 있는 인간으로 비치게 될 것"이라고 호소하는 광고들을 통해 우리는 우리 시대의 사람들이 얼마나 차이와 다름의 가치를 추구하고 있는지 느낄 수 있다. 광고는 그 시대와 문화의 거울이기 때문이다.

으로 전락해버린다. 이렇게 해서 부르디외가 말하는 '정당한 문화culture légitime', 즉 문화로서의 가치를 인정받는 문화가 탄생하게 된다. 이러한 정당한 문화는 사회의 문화적 표준cultural standard이 된다. 다른 모든 문화들의 위상과 가치는 그 표준에 따라 분류되고 규정된다.

부르디외의 저서 《구별짓기》

약간 다른 관점에서 표준의 의미를 살펴보자. 아주 오랫동안 인류의 표준은 백인이었다. 적어도 유럽과 미국 사회의 경우에는 명백히 그러했다고 할 수 있다. 이와 같은 맥락에서 세계의 표준은 유럽과 미국 사회로 대별되는 서구였다. 그 속에서 다른 모든 인종들은 '비非백인'으로, 그리고 '비서구'로 분류되면서 주변적이고 특수한 위치를 차지하게 된다.

이러한 분류 작업과 함께 필요한 것은 '언어'를 통해 정당한 문화를 규정하는 일이다. 언어란 하나의 대상에 고유한 의미를 만들어 전달하는 도구이기 때문이다. 정당한 문화는 고급 문화, 고전 문화, 귀족 문화 등으로 이름이 붙는다. 이렇게 되면 다른 문화들은 자연스럽게 저급 문화, 대중 문화, 하층 문화와 같은 반대의 의미에 연결된다.

문화적·언어적 통일은 지배적인 언어와 문화를 합법적인 것으로 강제하는 작업이 수반되며 다른 모든 언어들(사투리)과 문화들을 부적격하다고 배척하는 일이 수반된다. 하나의 개별적인 언어 혹은 문화가 보편성을 획득함으로써 얻는 결과는 다른 모든 것들을 특수한 것으로 귀결시켜버린다는 것이다.

지만 어떤 사람 또는 어떤 집단의 문화가 어떻게 단 하나의 유일한 문화 또는 보편적인 문화의 자리를 차지하게 되는가? 이를 위해서는 문화를 둘러싼 싸움의 과정을 통과해야 하는데, 왜냐하면 모든 문화가 그러한 보편적인 위치에 오르려는 의지를 가지고 있기 때문이다. 부르디외는 이를 '상징투쟁'으로 명명한다. 그것은 물리적인 힘과 세력이 아니라 정당성이라는 의미와 가치를 획득하기 위한 투쟁인 것이다. 그런데 여기서 경제자본과 문화자본을 더 많이 소유하고 있는 사람이나 집단이 이러한 상징투쟁에서 승리할 가능성이 더 큰 것으로 보인다.

그러한 자본들을 많이 소유한 상류 계급은 대체로 골프, 요트, 클래식 연주회, 갤러리, 외제 차, 보석, 고급 레스토랑, 사교클럽 등의 문화를 향유한다. 이러한 문화들은 많은 경제적 비용을 감수해야 향유가 가능한 문화이거나, 높은 교육 수준과 지식 및 교양 수준을 필요로 하는 문화다. 그렇기 때문에 이러한 문화들은 예외적인 접근만이 허용되는 희소한 문화라고 할 수 있다. 충분한 경제자본과 문화자본을 보유한 사람만이 누릴 수 있기 때문에 그 문화는 독점의 효과를 누릴 수 있게 된다.

이렇게 확립된 제약들의 보편화는 이것들을 충족시키는 수단들에 이르는 그 접근의 보편화가 수반되지 않기 때문에, 그것은 일부 몇몇 사람들에 의한 보편의 독점을 조장한다.

여기서 상류 계급들은 고급 문화의 향유 과정을 자신들의 아비투스로 만들기 위해 노력한다는 사실을 중요하게 고려해야 한다. 아비투스로 만든다는 것은 고급 문화를 자신들의 일상의 행위 과정 속으로 녹여낸다는 것을 의미한다. 앞에서 설명했듯이 문화의 아비투스화[1], 즉 문화를 자신의 몸속으로 체화해내는 일은 대단히 정치적인 전략이다. 그럼으로써 상류층은 문화를 통해 다른 사람 또는 계층과 차이를 만들어내고자 하는 자신들의 의지를 은폐할 수 있기 때문이다. 이는 아비투스를 통해 전개되는 은밀한 '구별의 전략'인 것이다. 그들은 자연스럽게 자신들의 문화를 몸으로 즐기면 되는 것이고 이 과정에서 다른 사람들과의 차이가 자연스럽게 만들어진다.

그들이 구별되기 위해서는 단지 지금 존재하는 방식대로 있기만 하면 된다.

그런데 상류 계급만이 누리던 고급 문화가 다른 계층들 역시 접근 가능한 문화로 확산되었다고 하자. 예컨대 골프와 자동차는 전에는 극소수 상류 계급의 문화였지만 경제가 발전하면서 일반적인 문화로 변모했다고 할 수 있다. 상황이 그렇다면 상류 계급은 자신들의 문화적 아비투스를 바꾸어낸다. 말하자면 경제적·문화적으로 접근이 어렵고 희소한 다른 문화를 즐기는 방향으로 눈을 돌린다는 것이다.

자, 이제 상류 계급에 속하지 않은 사람들은 어떠한 문화적 행태를 보일까? 부르디외는 그들을 크게 둘로, 즉 상류 계급에 속하지 않지만 그들에 대한 끝없는 열망을 가진 부류(부르디외는 이들을 '소부르주아'라고 부른다)와 상류 계급과 자신들은 다르다는 것을 인정하면서 자신들만의 문화를 누리는 데 만족하는 부류(부르디외에 따르면 이들은 '민중 계급'이다)로 나눈다. 소부르주아는 표준적인 상류 계급의 문화에 접근하고자 하는 열정 아래에서 그 문화를 '모방'하는 아비투스를 보인다. 특히 이러한 모습은 경제적·문화적 차원에서 위상을 높여가고 있는 사람들의 경우에 한층 더 적극적으로 나타난다. 이는 프랑스에서만 나타나는 현상은 아닌 것으로 보인다. 앞에서도 말했듯이 우리나라의 경우에도 유행처럼 번지고 있는 명품 구매 열풍과 점점 더 그 범위를 확대해가는 고급화된 소비 형태가 그러한 현상의 단적인 예라고 할 수 있다. 이는 본질적으로 상품에 대한 개인적 욕구라기보다는 고급의 문화 영역 속으로 들어가고자 하는 심리적 열망인 것이다. 그들은 자신들의 문화적 아비투스를 마치 상류 계급의 아비투스처럼 보이도록 가장하지만 그것은 결국 자기모순의 상황으로 귀결될 수밖에 없다. 그들은 자신들의 문화가 혹여 일반적인 문화로 전락하지 않을까 하는 두려움과 상류 계급의 문화로 들어가야 한다는 욕구 사이에서 흔들린다는 것이다.

구별을 위해 노력한다는 것은 구별과는 정반대다. 왜냐하면 그러한 노력은 뭔가 부족하다는 것을 증명하는 것이고 자기 추구의 열망을 고백하는 것이기 때문이다.

말하자면 상류 계급의 문화 속으로 들어가고자 하면 할수록 그들은 상류 계급과의 차이를 더 명확하게 드러내게 되는 역설적 상황에 놓이게 되는 것이다. 한편, 민중 계급은 소부르주아의 열망을 따르기를 거부하면서 자신들만의 문화적 아비투스에 만족하는 모습을 보인다. 이들은 질보다는 양을 고려하는 구매 취향, 고급스런 식사보다는 많이 먹을 수 있는 식사 취향, 비싸고 귀한 것보다는 값싸고 튼튼한 물건에 대한 욕구 취향 등을 보인다. 이들의 문화적 취향은 '필요성'과 '남성다움'의 원리를 따르는 것이라고 부르디외는 말한다. 그런데 여기서 중요하게 고려해야 할 것은 이러한 민중 계급들은 소부르주아와 같이 상류 계급의 문화적 아비투스를 열망하는 의지를 전혀 보이지 않는다는 사실이다. 오히려 이들은 그들과 자신은 본질적으로 다른 사람이라는 무의식적 사고 아래에서 그에 부합하는 자신들의 문화적 취향에 만족한다는 것이다. 이들은 자신들이 문화적 중심과 표준으로부터 멀리 떨어져 있다는 것을 하나의 현실로 받아들이면서 그 속에 안주한다. 그렇기 때문에 상류 계급의 이른바 정당한 문화는 자연스럽게 인정된다. 부르디외는 여기서 불평등한 사회 질서의 유지를 위해 기능하는 상징폭력을 보고 있다. 상징폭력은 "집단적 기대들과 사회적으로 주입된 믿음들을 토대로 하기 때문에 복종이라고 지각조차 되지 않는 복종들을 강요하는" 폭력을 의미한다. 물리적 폭력과 이데올로기적 폭력이 피지배자로 하여금 자신들의 지배를 알고 느끼게 하지만 상징폭력은 지배에 대한 지각 없이 행사되는 것으로서 '오인된' 폭력이다.

부르디외는 이러한 상징폭력은 권위를 부여받는 제도, 특히 학교에 의해 한층 더 강화된다고 생각한다. 그는 학교가 공평하고 균형 잡힌 교육을 제공하는 기관이라는 상식적 견해에 도전한다. 그에게서 학교는 지배 질서의 기반을 공고히 하는 정치적 도구로 나타난다. 그 이유는 무엇일까? 학교는 특정한 도덕과 규범에 기초하는 교육을 제공하고 있는데 그 교육은 본질적으로 지배 계급의 세계관과 아비투스를 반영하고 있기 때문이다.

학교 문화는 지배 계급의 문화다.

파트리스 보네위츠, 《부르디외 사회학 입문 Premières leons sur la sociologie de Pierre Bourdieu》(1998)

학교는 교양 있는 행동, 성실한 태도, 바른 자세, 질서 있는 생활, 경쟁의 미덕을 체화할 것을 강요한다. 피지배 계급보다는 지배 계급의 아비투스에 근접하는 것으로 보이는 이러한 도덕과 규범은 모든 학생들에게 강제되지만 그 도덕과 규범에 잘 적응하는 학생과 그렇지 못한 학생이 존재한다. 그런데 이러한 차이는 학생들의 출신 성분에 기인한다. 즉, 지배 계급의 자녀들은 이미 가정에서 그러한 방식으로 교육받았고 그에 부합하는 아비투스를 형성해왔기 때문에 쉽게 적응하지만 하층 계급의 자녀들은 그러한 도덕과 규범에 적응하기가 쉽지 않다. 하지만 학교는 적응하지 못하는 학생에 대해 능력이 부족하다는 평가를 내린다. 결국 이들은 뛰어난 학생들에 비추어 스스로를 무능력하고 적응하지 못하는 존재로 각인시킨다. 이상한 행동을 하는 학생으로 취급받는 이들은 사회에 나가서도 자신의 부모들이 그러했듯이 주변인의 위치, 특수한 위치의 자신에 만족하며 살아가는 것이다. 이렇듯 학교란 사회의 불평등한 계급 구조가 '재생산'되는 기반을 만드는 기관인 것이다. 그럼에도 불구하고 학교가 중립적이고 공정한 기관으로 오인되는 이유는 국가로부터 권위를 부여받은 제도이기 때문이라고 부르디외는 말한다.

만남5 기든스, 사회학자의 길

　영국을 대표하는 사회학자로 활동하고 있는 앤서니 기든스 Anthony Giddens, 1938~는 런던의 외곽 지역인 에드먼턴에서 태어났다. 행정구역상 런던에 속한 지역이었지만 중심부 런던과는 달리 노동 계급이 주로 거주하고 있던, 사회·경제적으로 주변부에 속하는 지역이었다. 부르디외가 그러했던 것처럼 기든스 역시 상층 계급 출신은 아니었다. 그의 아버지는 런던 교통국의 지하철 객실 정비 업무를 담당했던 하급 공무원이었고, 가족들 어느 누구도 대학에 진학한 사람이 없었을 정도로 그는 지극히 평범한 집안 환경에서 성장했다. 기든스의 가족은 얼마 지나지 않아 에드먼턴보다는 생활 수준이 나았던 파머스그린으로 이사했고, 기든스는 대학에 입학할 때까지 줄곧 그곳에서 생활하게 된다. 그 당시 기든스는 공부보다는 스포츠, 특히 축구에 많은 관심을 가졌다고 한다.

부르디외가 중학교를 마치자마자 파리의 명문 고등학교와 대학교에 진학했던 것과는 달리, 기든스는 고등학교를 졸업하고도 런던, 케임브리지, 옥스퍼드 대학 등 명문 대학 진학에 대한 욕심을 갖지 않았다. 기든스는 "그 대학들은 한 번도 나의 고려 대상이 된 적이 없었다"라고 말한 바 있다. 그는 결국 영국 북부의 헐^{Hull} 대학 철학과에 입학하게 되는데 헐 대학에서의 삶은 그의 학문적 방향에 매우 큰 영향을 미친다. 우선, 헐 대학이 속해 있는 요크셔 지방이 그에게 사회적 충격을 던져주었고, 그의 학문적 방향을 이끄는 데 큰 역할을 한 스승과 만나게 된 것이다. 첫 번째 영향에 관한 기든스의 이야기를 들어보자.

> 내가 입학했을 때 헐 대학은 나에게 아주 새로운 곳이었다. 그 이전까지 영국의 북부를 한 번도 가본 적이 없었기 때문이다. 헐은 아니었지만, 요크셔 지방에서 알게 된 다른 많은 마을들과 소도시들은 산업혁명의 본고장이었다. 언덕을 따라 등을 맞대고 빽빽하게 줄줄이 뻗어 있는 노동자들의 작은 집들을 처음 보았을 때 정말 놀랐다. 공장 노동자들의 마을은 지금까지 내가 이 세상을 돌면서 방문하게 된 훨씬 화려한 다른 장소들만큼이나 이국적인 모습이었다. 이때 본 모습이 그 후 사회학에서 내가 개진했던 견해들에 큰 영향을 주었다. 거기서 목격한 산업혁명의 가시적인 형태의 낯섦과 그 감추어진 본성이 내 마음에 깊이 각인되었던 것이다.

나중에 자세히 보겠지만 기든스 사회학의 핵심적 방향들 중의 하나는 서유럽에 산업자본주의와 민주주의를 가져온 정신인 '근대성에 대한 비판적 고찰'인데 그러한 관심은 대학 시절에 목격한, 산업혁명의 역사적 흔적들이 던져준 모순적인 장면과 무관하지 않았던 것이다. 말하자면 기든스가 요크셔 지방에서 보게 된 모순적인 장면이란 산업혁명이 가져온 노동자들의 열악한 삶의 조건이었으며 바로 이 점이 그로 하여금 근대성에 대해 비판적 시각을 갖도록 했다는 것이다.

두 번째 영향은 기든스가 헐 대학에서 사회학을 가르치던 피터 워슬리 교수를 만났다는 사실인데 워슬리^{Peter Worsley} 교수는 기든스에게 사회학에 대한 영감을 전해준 사람이었다. 그의 영향으로 기든스는 철학과에서 사회학과로 옮기게 될 뿐만 아니라 학자로서 가져야 할 학문적인 역량과 지적인 능력이 무엇인가를 깊이 인식하게 된다. 또한 기든스가 1959년 헐 대학을 졸업한 후, 석사과정 입학을 위해 고려한 맨체스터 대학이나 옥스퍼드 대학을 접고, 런던 정경대학^{London School of Economics} 사회학과로 입학하게 된 것도 워슬리 교수의 제안 때문이었다. 사실상 기든스는 그 학교에 대해 별로 아는 바가 없었다고 한다.

헐 대학에서의 생활이 기든스의 학문에 영향을 미쳤던 것과 같이 런던 정경대학에서의 공부 역시 그에게 많은 영감을 주었다. 여기서 흥미로운 사실은 기든스가 어린 시절 즐겨했던 축구가 그의 석사학위 논문 속에서 사회학적 분석 대상이 되었다는 점이다. 그는 축구의 사회사에 관한 논문 〈현대 영국에서의 스포츠와 사회^{Sports and Society in Contemporary England}〉를 썼는데 그 논문에서 중요하게 등장하는 학자가 베버다. 기든스는 자신의 논문을 통해

스포츠가 역사적으로 규칙과 규정들을 만들어가면서 어떻게 합리화되는가, 계층에 따라 스포츠의 유형이 어떤 특성을 보이는가, 그리고 스포츠를 통해 종교적인 열정이 어떻게 드러나는가 등을 분석했는데 이는 베버가 제기했던 주요한 사회학적 주제들이었다.

런던 정경대학에서 석사과정을 밟고 있었을 때만 하더라도 기든스는 학자로서의 길을 생각하지는 않았다. 오히려 그는 석사 학위를 마치고 공직자로서 생활을 하리라고 마음먹고 있었다. 그런데 아주 우연히 레스터^{Leicester} 대학에서 사회학 교원 공모가 있게 되고 그는 그곳에 지원해 교수 생활을 시작하게 된다. 그때가 1961년으로 이제 사회학자로서의 기든스의 삶이 시작되는 중요한 의미를 갖는다. 영국 사회학의 모태들 중의 하나였던 레스터 대학 사회학과가 갖는 진보적이고 역동적인 측면이 기든스가 사회학자로서의 길을 가는 데 결정적인 영향력을 미치게 된다.

레스터 대학의 사회학은 런던 정경대학을 지배하는 영국 중심적인 페이비어니즘^{Fabianism}적 전통과는 전혀 다른 것이었다. 레스터 대학은 수많은 젊은 사회학자들을 불러 모았고 또 그들을 배출했으며, 그들은 당시로서는 새로운 주제였던 것을 창시하는 일에 전심전력을 다했다.…… 내가 정말로 학자의 길을 걷겠다고 마음먹게 된 시점은 바로 이때였고 그 이후로 나를 사로잡은 관심사들을 추구하기 시작했다. 사회과학에 두루 걸쳐 있는 이론적 문제들을 탐구하기 시작했고, 또다시 철학책을 읽기 시작했다. 나는 사회학이 특이할 정도로 흥미로운 학문이며 방법론상으로도 도전적이라고 생각하게 되었다.

기든스는 1968년 레스터 대학을 떠나게 되고 그로부터 2년간 캐나다와 미국에서 공부하는 기회를 갖는다. 그는 캐나다 밴쿠버의 사이먼 프레이저 대학에 9개월을 머문 후에 미국 로스앤젤레스의 캘리포니아 대학^{UCLA}으로 이동해 8개월간 지낸다. 기든스가 레스터 대학에서의 생활을 통해 자신의 학문을 성숙시키는 기회를 가졌다면 캐나다와 미국은 그에게 영국 사회와는 전혀 다른 사회의 모습을 보여주었고 그로 하여금 현대사회의 수많은 문제들을 해결하기 위한 대안적 모델의 방향을 제시해주었다. 잘 알다시피 1960년대 후반은 베트남전쟁으로 말미암아 서구사회들, 특히 미국에서 반전 운동이 대대적으로 전개되고 기존의 삶과는 전혀 다른 삶의 방식이 모색되었던 시기로, 그러한 급진 사회 운동의 중심에 캐나다와 미국의 대학들이 서 있었다. 그때의 경험을 기든스는 다음과 같이 설명하고 있다.

Υ **페이비어니즘**

1884년 영국 런던에서 결성된 사회주의 단체 페이비언협회의 이념으로, '점진적인 사회주의'를 추구한다. '페이비언'이란 이름은 전략적인 지구전을 통해 한니발(Hannibal)을 격파한 고대 로마 장군 파비우스(Fabius)의 이름에서 온 것이다. 정치적 민주주의가 진전하는 과정에서 발생하는 폐해를 극복하기 위해 국가 권력이 나서게 되는데 그것이 사회주의이며, 사회주의는 민주주의의 원리를 경제생활에 적용한 것으로, 혁명적 변화를 필요로 하지 않는다고 주장했다.

그곳에서 벌어진 일을 보면 영국에서의 정치적인 대결은 정말로 아주 하찮은 일로 느껴진다. ······ 그때는 사방에 광기가 넘쳐흘렀긴 하지만, 1960년대 운동의 생각과 주제들은 의미심장한 결과를 가져왔다. 그 운동은 생활 양식들에 대해 아직도 사라지지 않는 유연성을 가져오는 데 일조했다. 그 운동으로 인해 본래는 대체로 괴상하다고 간주되고 있다가 주류에 편입된 일부 도덕적, 정치적 추진력들이 힘을 얻게 되었던 것이다. 그들 중에는 개인적인 자율에 대한 강조, 여성해방, 생태학적인 문제들, 그리고 전 세계적인 인권 보호 운동 등이 있다. ······ 비교적 가까운 장래의 어느 시점에서 또다시 반문화 사회 운동이 새롭게 꽃피리라는 것은 분명하다. 분명 우리는 대안이 전혀 없는 사회에서 살아가고 있는 것처럼 보이고 있고 ······.

미국에서의 생활을 마치고 돌아온 기든스는 케임브리지 대학에 자리잡는다. 그런데 케임브리지 대학을 가기로 결정한 일은 기든스에게는 일종의 모험이었다. 왜냐하면 당시 케임브리지 대학의 분위기는 레스터 대학과는 판이하게 달랐고, 사회학에 대한 평가가 상당히 부정적이었기 때문이었다. 옥스퍼드나 케임브리지 대학 출신들이 지배적인 상황이었으며 사회학의 기틀이 전혀 만들어지지도 않았다는 것이다. 거기서 기든스는 "힘든 조정 과정"을 거쳐야 했으며, "사회학을 가르친다고 하는 바로 그 사실 때문에 투쟁을 벌여야" 했다. 그러한 노력을 통해 결국 그는 케임브리지 대학에 정치사회학과를 창설할 수 있었고 베버와 뒤르켐을 중심으로 고전사회학자들에 관한 연구를 충분히 진행할 수 있었다. 이때 《자본주의와 현대 사회 이론Capitalism and Modern Social Theory》(1971)이라는 기든스의 초기 대표적인 저술이 출간된다. 그 뿐만 아니라 기든스는, 부르디외가 그러했듯이 마르크스, 후설Edmund Husserl, 1859~1938, 하이데거Martin Heidegger, 1889~1976 등을 폭넓게 연구했는데 이는 무엇보다 당시 사회학계를 지배하고 있었던 미국 사회학을 비판적으로 바라볼 수 있는 식견을 키우고 그 바탕에서 자신의 사회학을 만들어내기 위한 것이었다. 그가 생각한 사회학의 방향은 "과거에 이루어진 고전 사회사상의 발전 상황을 새롭게 바라보고, 사회과학을 위한 새로운 방법론적 틀을 개발하며, 현대성의 특성을 분석"하는 일이었다.

그의 학문적 노력은 《사회학 방법의 새로운 규칙New Rules of Sociological Method》(1976)과 《사회구성론The Constitution of Society》(1984)으로 결실을 맺는데 이 저술들에서 기든스는 '구조화 이론theory of structuration'으로 명명되는 자신의 사회학을 정립한다. 이 이론을 통해 기든스는 오랜 역사를 가진 사회학의 문제, 즉 '인간 행위와 사회 구조'간의 대립적 관계를 해결하고자 했다. 이는 부르디외 사회학의 근본적 관심사이기도 하다. 물론, 그렇다고 해서 기든스와 부르디외가 동일한 학문적 결론에 도달한 것은 아니다. 단순화의 오류를 무릅쓰고 말하자면, 부르디외가 사회 구조의 힘에 상대적인 무게를 두었다면, 그와는 반대로 기든스는 인간 행위의 능력에 더 큰 비중을 두고 있다는 면에서 차이를 드러내고 있다.

한편, 기든스는 1984년에 이르러 새로운 일을 추진한다. 그것은 데이비드 헬드David Held, 존 톰슨John Thompson과 함께 폴리티Polit 출판사를 설립한 것인데, 이 점은 부르디외와 공통적이지만 출판사 설립의 목적은 사뭇 달랐다고 할 수 있다. 부르디외의 경우 사회 비판 의식을 대중의 저변으로 확대하기 위한 운동의 차원에서 출판사를 설립한 것이라면, 기든스는 앵글로색슨(영미)의 사상과 대륙 사상의 통합이라는, 보다 학문적인 차원의 목적을 지향했다.

그는 1997년에 케임브리지 대학을 떠나 런던 정경대학의 학장으로 취임하게 된다(2003년까지 활동). 그렇게 옮기기로 결정한 이유에 대해 그는 "런던 정경대학은 나의 개인사에서 매우 중요한 위치를 차지하는 대학"이기 때문이라고 설명한다.

1990년대 후반, 새로운 대학에서의 새로운 경험과 함께 기든스는 영국 정치에서 매우 중요한 역할을 수행하는데 그것은 1997년 총선에서 승리한 노동당 토니 블레어Tony Blair, 1953~ 정부의 정책 고문으로 활동하기 시작했다는 사실이다. 블레어의 노동당 정부는 미국식의 신자유주의와 유럽식의 사회주의 간의 대립을 극복할 수 있는 대안으로 '제3의 길'을 제시하고 있는데 이 아이디어는 기든스가 1998년에 출간한 《제3의 길: 사회민주주의의 부활The Third Way:The Renewal of Social Democracy》로부터 직접적인 영향을 받은 것이다. 여기서 우리는 영국과 프랑스를 대표하는 당대 최고의 두 사회학자, 부르디외와 기든스가 걸었던 또는 걷고 있는 정치적 행보의 '차이'에 유념해야 할 것으로 보인다.

만남6 › 성찰적 근대성을 향해

잠시 멈춰 서서 우리가 살아가고 있는 이 세계에 대해 생각해 보자. 우리는 어떠한 세계를 살아가고 있는가? 그 세계는 희망으로 가득 차 있는가? 아니면 그 반대인가? 끊임없이 발전을 거듭하고 있는 과학기술이 우리에게 희망찬 미래를 가져다줄 것 같지 않은가? 첨단 의료 기술의 발전으로 여러 난치병의 정복이 예고되고 있고, 교통·통신 기술의 진보에 힘입어 그동안 상상하지 못했던 새로운 삶의 가능성이 점쳐지고 있지 않은가? 이제 생활의 모든 부분들이 하나로 통합되는 이른바 '유비쿼터스^{ubiqui-tous}'의 세상을 꿈꿀 수 있다고 하지 않는가. 과연 우리 세계는 그렇게 희망적일까? 그런데 왜 지구 곳곳에서 전쟁이 끊이지 않고 있는 걸까? 인류를 공포로 몰아넣고 있는 환경재난을 생각해보라. 그 속에서 과연 우리는 희망과 밝은 미래를 엿볼 수 있을까? 인류의 미래는 희망적인 것 같기도 하고 절망적인 같기도 하다.

낙관을 말해야 할 것 같기도 하고 비관을 얘기해야 할 것 같기도 하다. 어떤 것이 정답일까? 인류는 어떤 미래를 향해 나아가고 있는가? 기든스는 이 문제에 대해 심각하게 성찰할 것을 주문한다. 그렇다면 그 성찰의 출발점은 어디인가? 기든스는 '근대성'에 대한 고민으로부터 시작해야 한다고 역설한다. 근대성이란 무엇일까? 왜 거기서부터 출발해야 하는가? '-성性'이란 접미어는 어떤 사물의 성질이나 특성을 지칭할 때 사용하는 용어다. 사전적인 의미로 볼 때 근대성이란 근대적인 것의 성질이나 특성을 의미한다. 그렇다면 근대성을 이해하기 위해서는 이른바 '근대'라는 사물의 성질이나 특성을 밝혀야 하겠다.

근대성의 모습들

일반적으로 근대는 전통과 대비되는 개념이지만, 사실상 그것은 특정한 지역적·시기적 관점에서 바라봐야 하는 역사적 개념이자 매우 특정한 의미를 간직하고 있는 개념이다. 지역적 관점에서 볼 때 근대는 서유럽을 무대로 형성된 것이고, 시간적 관점에서 볼 때 그것은 17세기와 18세기에 걸쳐 이루어진 개념이다. 그렇다면 17세기와 18세기에 서유럽에서는 무슨 일이 일어났는가? 그 시기 서유럽, 특히 영국과 프랑스는 글자 그대로 혁명을 통한 구시대와의 단절을 경험했다('revolution'은 점진적 변화를 의미하는 'evolution'의 반의어다). 이제 구시대와의 단절이 어떠한 모습으로 이루어지는가를 살펴보자.

먼저 정치적인 단절의 차원에서 볼 때, 17세기와 18세기의 서

유럽은 기존의 절대왕정체제를 대체할 새로운 정치체제로서 입헌군주제와 공화제를 탄생시켰다. 입헌군주제는 영국의 시민혁명을 통해 수립된 제도로서 왕은 상징적인 국가원수일 뿐 실질적인 정치 권력은 시민이 선출한 의회에 부여된다는 특징을 갖는다. 그리고 공화제는 왕의 존재 자체를 부정하면서 실질적·상징적인 모든 정치 권력을 시민이 공유하게끔 하는 제도라고 할 수 있다. 입헌군주제와 공화제는 이런 차이를 보이긴 하지만 궁극적으로는 이 두 제도 모두 민주주의 원리를 근간으로 하고 있다. 말하자면 이 둘 모두 공히 정치 권력의 뿌리가 시민에게 있다는 주권재민 사상을 바탕으로 하고 있는 것이다. 이제 주권재민의 원리에 의해 새로운 국가체제가 등장하는데, 그 국가는 그동안 피지배자에 불과했던 사람들이 국가의 주인(국민)으로 자리매김되는 '국민국가'로 명명된다. 일련의 이러한 움직임은 분명 과거에는 상상할 수 없었던 새로운 것이라고 할 수 있다. 왜냐하면 군주의 권력이란 절대적 존재가 부여한 것으로, 그 자체로 영원한 신성함을 갖는다는 왕권신수설에 기초했던 절대군주국가는 아주 오랫동안 정당한 체제로 인정되어왔기 때문이다.

다음으로, 경제적인 단절의 차원에서 보자면 당시 서유럽은 과거의 농업 경제와는 전혀 다른 경제체제로서 자본주의를 탄생시켰다. 앞서 살펴본 바와 같이, 자본주의 경제는 노동력에 대한 신분적·물리적 구속이 없는 상태에서 자본가와 노동자가 맺는 자유로운 노동 계약을 근간으로 하고 있으며, 생산수단에서도 토지가 아니라 자본이 가장 중요한 비중을 차지하고 있다. 또한 자본주의 경제는 자연 조건의 변화와 노동 인력의 신체 상태에 따라 생산력의 수준이 좌우되었던 농업 경제와는 달리 일정한 수준의 생산력을 지속적으로 유지할 수 있을 뿐만 아니라, 생산력 확대 역시 가능한 제도라고 할 수 있다.

이와 같은 정치·경제적 차원에서의 단절은 사회 전반적인 차원에서의 단절로도 연결되었다. 왕을 정점으로 소수의 귀족들만이 담당했던 정치 과정을 시민들이 주도하게 됨에 따라 대중정치가 형성되었는데, 그 변화는 시민들의 정치의식의 도구로서 대중매체(신문)의 확산을 가져왔다. 또한, 자본주의 경제의 확대에 따라 이제 도시가 삶과 인간관계의 중심지로 자리잡고, 신속한 이동을 가능하게 하는 교통 수단(철도)의 등장으로 생활 반경이 크게 확장되었으며 공간 이동성 역시 급격히 증대한다.

우리가 논의했던 독일의 사회학자 베버는 17~18세기 서유럽에서 근대사회가 형성되는 과정을 고찰하면서 그 속에는 '합리성rationality'의 원리가 관통하고 있음을 간파했다. 합리성이란 무엇일까? 그것은 오로지 인간의 이성적 판단력을 통해 사물이나 현상의 원인과 결과를 분석하는 것을 의미한다. 예컨대, 사업이 잘 안 풀리는데 그것을 잘못된 기운 때문이라고 생각하면서 굿을 한다면 결코 합리적인 사고가 아니다. 사업 과정에 대한 철저한 분석이 합리적인 사고다. 그런 면에서 합리적인 사고란 미신, 맹신, 편견, 감정 등을 모두 벗어던지고 냉철한 논리를 따라 사물과 현상을 분석하는 것이다. 그렇다면 베버가 말하고 있듯이 서유럽의 근대사회를 탄생시킨 합리성은 어디에서 유래하는가? 그것은 프랑스 혁명의 이념적 근간이었던 계몽주의 철학에서 유래하는 것이다. 계몽주의 철학자들에게서 가장 소중하고 가치 있는 인간의 능력은 이성이었는데, 그 이성은 인간과 사회의 모든 움직임들을 명확하게 밝혀주는, 궁극적으로 진리를 찾아주는 힘이었다. 모든 전통은 무가치하게 여겨지고 전통의 이름 아래에서 당연시되었던 것들이 이성의 칼날 아래 놓인다. 이런 의미에서 근대의 이성과 합리성은 너무나도 혁명적인 성격을 띠었던 것이다.

여기서 주목해야 할 점은 이성과 합리성의 원리를 따라 형성된 서구의 근대는 그곳에만 국한되지 않고 다른 곳으로 이식되었다는 사실이다. 그런데 그러한 이식은 자연스럽게 이루어진 것이 아니라 폭력을 동반한 일방적인 과정 속에서 이루어졌다. 19세기 후반에 등장해 20세기 중반까지 지속된 제국주의의 식민지배를 말하는 것이다. 전통적인 정치사회체제를 유지하고 있던 국가들은 서구와 같이 내부로부터 이루어진 자율적인 방식이 아니라 외부의 강제를 통해 전통으로부터 탈피하게 된 것이다. 그 과정에서 서구의 식민모국植民母國은 자신들이 만들어낸 근대의 원리를 그 나라들에도 적용하고자 했다. 그렇게 되면서 서구의 근대는 다른 모든 나라들이 따라야 하는 보편적인 사회 모델로 기능하게 된다.

그런데 보편적인 사회 모델로 자리잡은 서구의 근대는 1960년대에 접어들어 그 내부로부터 회의와 비판에 직면하게 된다. 그 이유는 무엇일까? 먼저, 서구의 1960년대는 모순의 시대였다. 내부에서는 물질적 풍요로움 속에서 자유를 구가하면서도, 외부를 향해서는 미국의 베트남전쟁과 소련의 권위적 통치와 같은 억압과 힘의 논리를 지향하고 있었다. 물질적 풍요의 혜택을 누리면서 교육을 받았던 서구의 청년학생들은 서구사회의 이러한 모순과 이중성을 비판하고 그에 도전하고자 했다. 그들은 이러한 모순과 이중성의 뿌리가 근대 서구사회 형성의 원리였던 이성과 합리성에 있다고 생각했다. 이성과 합리성으로 무장한 사람들은 억압적이고 착취적인 전통사회를 내부 반성을 통해 해체시키면서 자유와 평등, 민주주의, 물질적 풍요라는 근대 서구사회를 이룩했지만, 이제 그들은 자신들만이 유일한 보편적 진리를 소유하고 있다는 오만함에 사로잡혀 모든 비이성적이고 비합리적인 것을 무시하고 힘을 통해서라도 자신의 원리를 확산시키고자 했다는 것이다. 청년 학생들은 과학기술을 통한 자연 정복, 환경을 고려치 않는 경제개발주의, 강대국에 의한 억압과 전쟁 등 모든 문제가 이성과 합리성의 오만함을 드러내주는 것으로 이해했다. 이러한 비판과 도전의식은 1960년대 후반 유럽과 미국에서 폭발적으로 전개된 여러 사회 운동, 즉 학생·여성·노동·문화·환경 운동 등으로 그 모습을 드러냈다.

이러한 상황 속에서 근대 서구사회의 미래는 충분히 밝고 희망적이라고 생각한 낙관론자들을 제외한 서구 지성계는 이성과 합리성을 반성의 도마 위에 올려놓게 된다. 그 과정에서 의견이 분분했다. 서구의 이성과 합리성은 죽었다고 외치면서 근대로부터 벗어날 것^{탈근대, post-modernity}을 주장한 사람들이 있었는가 하면, 이성과 합리성은 서구를 전통과 억압의 사회로부터 근대와 자유의 사회로 이끈 해방의 힘을 발휘했다는 점을 환기시키면서 다시 그러한 잠재력을 회복시키는 데 주력할 것을 강조하는 사람들이 있었다. 프랑스의 데리다^{Jacques Derrida, 1930~2004}, 푸코^{Michel Foucault,}

1926~1984, 리오타르^{Jean-François Lyotard, 1924~1988} 등이 전자의 논리를 따랐다면 독일의 하버마스^{Jürgen Habermas, 1929~} 등은 후자의 논리를 따랐다고 할 수 있다.

근대성에 대한 기든스의 문제의식 역시 지금까지 서구사회를 이끌어왔던 근대성은 한계를 보이고 있다는 입장을 취하고 있다. 하지만 그는 프랑스의 철학자들이 말하고 있듯이 근대성으로부터 떠나야 한다는 식의 단선적 사고를 주장하지는 않는다. 오히려 그는 새로운 형태의 근대성을 찾을 필요가 있다고 주장한다. 이러한 면에서는 근대성의 해방적 잠재력을 복원해야 한다는 하버마스의 논리에 가까운 것으로 보이지만 기든스는 새로운 형태의 근대성은 과거의 해방적 잠재력이 아니라 각각의 개인들이 자신의 성찰적 힘을 통해 근대성을 비판적으로 고찰할 때 이룩될 수 있음을 말하고 있다. 이러한 관점에서 기든스가 추구하는 새로운 근대성은 '성찰적 근대성^{reflexive modernity}'이라고 불릴 수 있다.

자, 이제부터 기든스의 사회학 이론을 통해 그 문제에 접근해보기로 하자.

근대사회의 불안과 위험

기든스는 근대성을 전통적 원리와 요소들로부터 탈피해가는 과정으로 이해한다. 앞서 우리가 살펴보았듯이 일반적으로 근대성은 전통과 대비되는 관점에서 설명되고 있다. 이러한 면에서 근대성에 대한 기든스의 시각 역시 새로울 것이 없는 듯하다. 하지만 두 가지 차원에서 기든스의 사고는 독창적이다. 첫째, 정치·경제·사회 제도라는 거시적 차원에 초점을 두고 근대성과 전통성의 차이를 관찰하는 경향이 일반적이지만 이와는 달리 기든스는 일상적 삶의 영역이라는 미시적 차원에 무게중심을 두고 그 차이를 설명하고자 한다. 물론 그렇다고 해서 기든스가 거시적 차원의 차이를 무시하는 것은 아니다. 오히려 그는 양자 간의 연계성에 주목하고 있다. 둘째, 기든스에 따르면 전통적 원리와 요소로부터 벗어나는 과정은 하루아침에 갑작스럽게 이루어진 것이 아니라 오랜 시간을 거친 결과다. 전통

Ƴ 포스트모더니즘(postmodernism)

1960년대에 들어 서구에서 시작된 문학·예술의 한 조류로 문화뿐 아니라 정치·경제·사회의 모든 영역과 관련되는 한 시대의 이념이다. 처음에는 미국과 프랑스를 중심으로 학생·여성·흑인 민권, 제3세계 등의 사회 운동과 전위예술, 후기구조주의 사상으로 시작되었으며 1970년대에 점검과 반성을 거쳐 오늘날에 이르고 있다.

포스트모더니즘은 서구의 근대와 근대성에 대한 반발로 해석할 수 있다. 18세기 계몽주의로부터 시작된 이성 중심의 근대가 지나친 합리성과 객관성을 주장해 20세기에 들어서면서 도전받기 시작했고, 포스트모더니즘은 서구의 이런 합리주의가 반대 논리를 억압해온 방식을 낱낱이 드러낸 것이다.

특히 철학에서의 포스트모더니즘은 근대의 도그마(dogma)에 대한 반기였다. 데리다는 이성과 감성, 백인과 흑인, 남성과 여성의 이분법을 해체시켜 보여주면서 이들 사이의 억압 관계를 드러내보였다. 푸코는 지식이 권력에 저항해왔다는 기존의 논리를 부정하면서 지식이 권력과 동반자 관계임을 역설했다. 리오타르 역시 '숭엄(the Sublime)'이라는 개념을 도입해 합리주의의 도그마를 해체했다.

개성과 자율성·다양성·대중성을 중시해 사회적·정치적으로 '탈이념'이라는 현상을 낳은 포스트모더니즘은 한국사회에도 1980년대 말 문민정부의 출현을 즈음해 붐이 일었다.

성으로부터의 단절은 전 지구적 차원에서 근대성의 원리와 요소
가 확산된 최근에야 나타난 현상이라는 것이다. 하지만 기든스는
범세계적 차원의 근대성에도 불구하고 전통성이 새로운 형태로
등장할 가능성을 배제하지 않는다.

이제, 일상적 삶의 영역에서 근대성과 전통성이 어떤 차이를
보이는가에 대한 기든스의 견해를 살펴보자. 우선, 기든스는 시
간과 공간의 변화에 주목하면서 변화를 추적한다. 좀 더 정확히
말하자면 근대사회의 도래에 따라 시간과 공간의 밀접한 결합
관계가 해체되기 시작했다는 주장이다. 둘 간의 결합 관계는 두
가지 차원에서 볼 수 있는데 첫째 차원은 시간의 측정을 위해 공
간이 필요하다는 것이고, 둘째 차원은 공간의 인식을 위해 시간
이 필요하다는 것이다.

첫째 차원을 보자. 지금과 같이 시계가 보편화되지 않았던 시
대에는 시간을 어떻게 측정했을까? 아마도 그때의 시간 측정은
공간과 밀접한 관련을 가졌을 것이다. 예컨대, 해가 하늘의 어디
쯤에 위치하고 있는가를 보거나, 어스름이 어느 정도 깔려 있는
가를 보는 등 공간을 통해 시간을 알았을 것이다.

'언제'는 거의 보편적으로 '어디서'와 연결되어 있거나 혹은 규
칙적으로 일어나는 자연현상에 의해 확인되었다.

상황이 그렇다면 물리적으로 같은 시간이라고 하더라도 그것
은 공간의 다양성에 따라 상이하게 측정되었을 법하다. 하지만
근대사회가 도래하면서 곧 시계와 달력이 보급되었고 그제서야

시간과 공간이 분리되기 시작한다. 이제 사람들은 공간이 아니라 시계와 달력 속에서 시간을 측정할 수 있게 되었다. 그리고 현재 근대 서구사회의 시간 측정법이 전 세계적으로 보편화됨에 따라 이제 시간은 근대 서구만의 시간이 아니라 지구적 시간이라는 의미를 갖게 되었다. 기든스는 이를 '시간의 표준화'로 명명한다.

둘째 차원과 관련해 살펴보자면, 전통적인 사회에서 공간은 항상 일상적 삶의 장소라는 의미를 가졌다. 삶이 이루어지는 장소를 넘어 보다 넓은 공간들이 객관적으로 존재했겠지만, 그 당시 사람들이 구체적으로 느끼는 공간은 '지금 이 시간' 자신이 발을 디디고 있는 장소였을 것이다. 그런데 근대 사회가 도래하면서 다양한 교통 수단의 개발로 공간 이동성이 확대되었고, 과거의 일상적 삶의 장소 개념이 그 의미를 상실하게 되었다. 또한 표준화된 지도의 보급에 따라 이제 사람들은 자신들만의 특수한 장소가 아니라 외부로 더욱 확장된 등질적 공간 개념을 인지하게 되었다. 이른바 '장소의 표준화'가 이룩되는 것이다.

다음으로 기든스가 주목하고 있는 근대사회의 특징은 전통사회와는 달리 그 사회 속에서는 삶의 영역이 특정한 시공간으로 국한되지 않는다는 데 있다. 그는 이를 '장소 귀속 탈피 time-space dis-embedding'로 부른다. 그의 설명에 따르면 그것은 "사회 관계들을 지역적 상호작용의 맥락에서 끄집어내어 무한한 시공간에 걸쳐 재구성하는 것"이다. 사람들의 삶이 특정한 시공간(장소)으로 국한되지 않고 무한히 확대되기 위해서는, 방금 앞에서 살펴본 시간과 공간의 분리가 필요하지만, 그보다 더 중요한 조건이 바로

'신뢰'다. 신뢰는 특정한 장소에서 삶을 영위하기 위해 필요한 조건이거나 또는 그 결과라고 할 수 있다. 기든스에 따르면 삶이 특정한 장소로 국한되어 있는 시대에서 신뢰는 친족, 지역 내부 공동체, 종교 그리고 전통 등에 기초하고 있었다. 하지만 특정한 장소를 떠나 새로운 시공간들을 이동하며 살아가기 위해서는 친족, 공동체, 종교, 전통과는 다른 방식의 신뢰가 필요할 것이다.

어떤 방식의 신뢰가 가능할까? 기든스는 장소 귀속 탈피가 보편화되는 근대사회에서 신뢰는 화폐체계와 전문가체계에 의해 확보된다고 한다. 물론 화폐는 근대사회가 발명한 것은 아니지만 근대사회의 경제체제인 자본주의가 확산되면서 거래를 위한 보편적 도구로 자리잡았다는 점에 주목해야 하겠다. 금화나 은화가 아닌, 지폐 형태의 화폐를 떠올려보자. 그 속에는 고유한 가치가 없다. 그렇다면 우리는 다음과 같이 물을 수 있겠다. 아무런 가치도 없는 화폐가 어떻게 보편적인 거래 수단으로 사용될 수 있을까? 그렇게 되기 위해서는 무엇보다 화폐에 대한 신뢰가 필요하다. 그러한 신뢰는 거래 당사자 간의 자의적인 약속이 아니라 국가라는 권력기관의 보증에 의해 만들어진다. 사람들은 보편적인 신뢰 수단인 화폐를 가지고 여기저기 다닐 수 있게 된 것이다.

그런데 생각해보자. 이곳저곳을 다니기 위해서는 교통 수단을 이용해야 한다. 하지만 그 교통 수단이 안전할까? 또 어떤 곳에서 갑작스레 몸이 아플 때 낯선 곳의 의사가 치료해줄 수 있을까? 아울러 낯선 지역에서 살기 위해서는 새로운 집도 구해야 한다. 그 지역의 부동산 중개업자가 잘 처리해줄까? 이러한 몇 가지 예들을 통해 알아야 하는 사실은 교통 전문가, 의사, 부동산중개업자 등 전문가들에 대한 신뢰가 존재해야 한다는 점이다. 우리가 다양한 교통 수단을 이용해, 몸이 아픈 것과 새로운 집을 구할 것을 전혀 염려하지 않고 다른 곳으로 이동한다면 그 속에는 전문가에 대한 신뢰가 암묵적으로 깔려 있기 때문인 것으로 이해해야 한다. 이렇게 보자면 장소 귀속성이 강하게 유지되었던 전통사회와 그것이 탈각된 근대사회의 신뢰는 서로 다른 모습을 갖는데 전자가 장소의 특성에 따라 상이한 모습을 보이는 반면에 후자는 장소와 무관한, 보편적인 양상을 띤다.

셋째로, 기든스는 '존재론적 안전ontological security'의 관점에서 전통사회와 근대사회가 서로 다르다는 점을 강조한다. 존재론적 안전이란 무엇인가? 한 예를 들어보자. 철학자들은 모든 존재하는 것들을 회의하고 의심한다. 그것이 바로 철학 본연의 임무인 것이다. 하지만 그들은 자신의 '일상적인' 삶에 대해서는 의심이나 회의 없이 보통 사람들과 같은 삶을 살아간다. 그들은 인식론적으로는 불안전하고 의심에 사로잡혀 있더라도 존재론적으로는 안전하다고 느끼는 것이다.

그렇다면 일상적 삶의 안전감이 전통사회와 근대사회 중 어느 사회에서 더 강할까? 이는 약간 복잡한 문제라고 기든스는 말한다. 먼저, 전통사회의 경우 우리가 앞서 얘기했던 전통적인 제도들을 통해 신뢰와 존재론적 안전을 확보했지만 그럼에도 불구하고 그 사회는 매우 강력한 물리적 위협과 공포의 세계로 특징지을 수 있다. 자연재해를 통제할 능력도 높지 않았고, 여러 가지 질병을 적절히 치료해줄 의료 기술 역시 발전하지 못한 상태였을 것이다. 또한 사람과 사람 간의 폭력이 무제한적으로 발휘될 가능성도 컸을 법하다. 왜냐하면 폭력을 통제할 강력하고도 단일한 권력이 형성되지 못했을 것이기 때문이다.

전통사회가 겪었을 이러한 존재론적 불안 요소들은 근대사회에 들어 전문가적 행정체계에 의해 상당 부분 극복되었다고 할 수 있다. 그렇다면 근대사회는 만족할 만한 존재론적 안전을 누리고 있는가? 이에 대해 기든스는 결코 아니라고 답한다. 그에 따르면 근대사회는 전통사회와는 다른 형태의 심각한 불안과 위험 요인들을 내재하고 있다. 근대사회의 위험 요인들은 대체로 세 가지 특성을 갖는다. 먼저, 근대사회의 불안과 위험은, 대체로 자연에 의해 초래되었던 전통사회와는 달리, 인간사회의 결과물이라는 점이다. 이는 무슨 말인가? 예컨대, 지금 인류가 맞닥뜨리고 있는 자연재해는 자연의 규칙적인 움직임 속에서 발생한 것이 아니라 지구 온난화와 같은 이상기후로 인해 발생한 것이며, 인류의 미래에 가장 위협적인 핵 전쟁 역시 국가 이익을 둘러싼 갈등의 결과물이다. 그렇다면 근대사회의 불안과 위험은 인간이 인위적으로 만든 위험 환경에 의해 발생한 것이라고 할 수 있다. 기든스는 이를 '제조된 위험^{manufactured risk}'으로 부른다. 다음으로, 근대사회의 존재론적 안전을 위협하는 위험 환경은 글자 그대로 대파국^{大破局}을 초래할 만큼 엄청난 강도를 지니고 있다. 만약 1920년대 후반 서구의 경제 대공황과 같은 공황이 발생한다면 어떻게 될까? 중동의 석유 자원이 모두 국유화되어 새로운 형태의 석유파동이 전 세계를 강타한다면? 지난 1986년 우크라이나의 체르노빌 원전 사고[*] 같은 사고가 발생한다면? 조류독

감이 전 지구적으로 확산된다면? 이러한 대재앙은 이미 역사 속에서 유사한 형태로 등장한 적이 있었다는 점에 주목해야 한다.

끝으로, 근대사회에서 위험 환경의 존재는 전 세계 대부분의 사람들이 동시적으로 느끼고 있다. 기든스는 다음과 같이 말하고 있다.

> 위험이 보통 사람들에게도 일반적으로 위험으로 받아들여진다는 사실은 전근대적 세계와 근대적 세계를 분리시키는 주된 측면이다.

전통사회와 대비되어 근대사회가 경험하고 있는 이러한 독특한 위험 환경을 지칭하기 위해 기든스는 '리스크risk'라는 개념을 사용한다.

> 전통 문화는 리스크가 필요하지 않았기 때문에 그 개념을 가지

체르노빌 원전 사고

1986년 4월 26일 우크라이나 키예프 남쪽 130km에 있는 체르노빌 원자력 발전소의 제4호 원자로에서 대량의 방사능이 누출된 사고. 누출된 방사능량은 총 1억 퀴리에 달할 것으로 추정된다. 그 과정에서 수증기·수소·화학 폭발이 수차례에 걸쳐 일어났으며, 원자로 주변 30km 이내에 사는 주민 9만 2,000명이 모두 강제 이주됐다. 그 뒤 6년간 발전소 해체 작업에 동원된 노동자 5,722명과 이 지역에서 소개된 민간인 2,510명이 사망했고, 43만 명이 암, 기형아 출산 등 각종 후유증을 앓고 있다.

고 있지 않았다. 리스크는 우발적 위험hazard이나 일반적인 위험 danger과 동일하지 않다. 리스크는 미래의 가능성과 관련해 능동적으로 평가되는 위험을 가리킨다. 리스크라는 말은 미래 지향적인 사회, 즉 미래를 정복하거나 개척해서 장악할 수 있는 영토로 보는 사회에서만 널리 통용된다. 리스크는 과거로부터 이탈하려고 능동적으로 노력하는 사회, 곧 근대적 산업 문명의 주된 특성을 전제로 한다.

그렇다면 이러한 독특한 위험 환경은 어떻게 만들어진 것일까? 기든스에 따르면 그것은 본질적으로 근대성이 범세계적인 차원으로 확대되면서 만들어진 것이다. 우리는 앞서 서유럽에서 시작된 근대성이 19세기 후반 이래 제국주의적 힘의 논리에 의해 전 세계로 확산되었음을 지적했다. 근대성의 확산은 지금까지도 계속되고 있다고 볼 수 있는데 '근대성의 지구촌화'로 명명되는 그 현상은 대략 네 가지 원리를 따라 이루어졌고 그 결과가

Ⴠ 존재론적 안전을 위협하는 위험 환경

인간에 의해 인위적으로 발생할 수 있는 전 세계적 재앙의 또 다른 예들을 생각해보자. 1984년 인도 보팔 지역에서 벌어진, 화학 살충제를 생산하는 한 미국 기업의 공장의 폭발에 따른 대규모 환경오염 및 인명피해는 예외적인 사건일 뿐일까? 1990년대 인류를 악몽으로 몰아넣은, 이른바 광우병으로 불리는 크로이츠펠트야곱병 역시 여전히 전 세계 사람들의 생명을 위협하고 있다. 태양으로부터 발산되는 자외선을 차단하는 지구의 오존층은 구멍이 뚫리고 있으며 이렇게 직접 침투한 자외선은 피부암을 비롯한 치명적인 질병의 직접적 원인이 되고 있다.

지금의 근대적 위험 환경을 창출한 것이다. 국민국가 정치체제와 자본주의 경제체제의 보편화, 전 세계적 분업체계, 범지구적 군사력 팽창이 바로 그것이다.

기든스에 따르면 정치적 차원에서 근대성의 전 지구적 확산은 본질적으로 국민국가 정치체제의 보편화를 의미하는 것이다. 국민국가들의 관계를 의미하는 국제 관계^{international relations}란 용어를 통해 알 수 있듯이 지금은 소수의 몇몇 나라를 제외하면 대부분의 국가들이 국민국가의 형태를 띠고 있다. 국민국가는 내적으로는 주권재민이라는 민주주의 형식에 기반하고 있고, 외적으로는 엄격하게 구분되는 영토적 경계와 다른 나라의 간섭을 거부할 수 있는 주권을 보유하고 있다. 그렇기 때문에 각국은 자국의 영토와 주권을 보호하기 위한 물리적 장치로서 충분한 군사력을 확보할 필요가 있다. 전 지구의 파멸을 가져올 수 있는 핵무기의 확산은 근본적으로 충분한 군사력을 확보하기 위한 각국의 경쟁적 노력의 결과물이라고 할 수 있다.

한편, 이러한 국민국가들의 경제관계는 국제자본주의 관계를 특징으로 한다. 1945년 2차 세계대전이 종결된 후 국제경제는 자본주의와 사회주의로 분리되었지만 1980년대 후반 소비에트 경제블록의 붕괴로 말미암아 현재는 자본주의가 지배적인 국제 경제체제로 운영되고 있다. 사회주의체제를 고수하고 있는 중국 조차 WTO의 회원국이라는 사실을 상기해보라. 분업의 원리에 따라 하나의 거대한 경제체계로 등장한 자본주의는 긍정적 성과뿐만 아니라 부정적 결과 역시 자본주의 분업체계 속에 속한 모든 나라들에 확산될 수 있었다. 1990년대 후반 한 나라에서 시작된 외환 위기가 아시아, 남미, 러시아 대륙 등으로 확장되면서 세계 경제를 위기의 공포에 몰아넣었던 경우를 생각하면 될 것이다.

이런 면에서 근대성은 매우 이중적인 모습을 갖는다. 왜냐하면 그것은 자연적 구속뿐만 아니라 사회적 구속으로부터 인간들을 해방시키고 그들에게 물질적 풍요를 제공했지만 그와 동시에 과거에는 상상할 수 없었던 대규모 재앙의 가능성을 몰고 왔기 때문이다. 기든스는 이를 다음과 같이 표현하고 있다.

> 근대성은 한편으로는 근대적 사회 제도의 발전과 그것의 전 세계적인 확산으로 그 어떤 전근대적 체계보다도 우리가 더 안전하고 안락한 삶을 즐길 수 있는 기회를 제공해왔다. 그러나 또 다른 면에서 근대성은 암울한 측면을 가지고 있는데 그것은 금세기에 와서 아주 분명히 드러나고 있다.

여기서 우리가 주목해야 할 것은 근대성의 부정적인 결과에 대해 기든스가 액면 그대로 부정적으로만 바라보지 않고 있다는 점이다. 그가 볼 때 근대사회의 놀라운 성장과 발전은 위험 환경에 적극적으로 대응했기 때문에 가능했던 결과이기 때문이다.

> 하지만 리스크의 수용은 또한 흥분과 모험의 조건이기도 하다. 도박, 과속 운전과 성적 모험주의가 갖고 있는 리스크에서부터, 아니면 놀이공원의 청룡열차 하강에서 많은 사람들이 얻는 쾌감을 생각해보라. 더욱이 리스크의 적극적 용인은 근대 경제에

서 부를 창출하는 원천이 아닌가.

자, 이제 근대성의 긍정적 결과를 최대화하면서 그것의 암울한 결과들을 최소화하기 위해서는 무엇이 필요한가? 이것이 바로 기든스가 자신의 사회학을 통해 풀어내고자 하는 궁극적인 문제의식이다.

주체의 반성과 자기감시

우리가 앞서 살펴보았던 것처럼, 마르크스, 베버, 뒤르켐 등 고전사회학자들은 시민혁명과 산업혁명을 통해 형성된 근대사회의 갈등적 요인들을 인지하고 해결하고자 했다. 하지만 기든스가 볼 때 근대사회의 위험에 대한 고전사회학자들의 인식에는 문제가 있었다. 왜냐하면 그들은 근대사회가 착취적이고 억압적이며, 무질서를 초래할 수 있고, 비인간적인 위계사회를 만들 수도 있다는 사실을 정확히 직시했지만 궁극적으로는 그러한 부정적인 요소들이 해결될 수 있다는 낙관적 견해를 피력했기 때문이다. 가장 약한 차원의 낙관론을 보였던 베버조차 근대사회의 위험에 대해 철저하게 고민하지 않았다는 것이 고전사회학자들에 대한 기든스의 평가다. 그는 근대성의 지구촌화 속에서 만들어지고 있는 리스크는 전 인류적인 대재앙을 초래할 수도 있는 것이기 때문에 과거의 낙관주의적 관점을 유지할 수 없다고 생각한다. 물론 그렇다고 해서 리스크를 너무 부정적으로만 생각할 필요도 없다. 그가 말하고 있듯 리스크는 긍정적인 결과를 위한 촉매제일 수 있기 때문이다.

중요한 것은 인류가 처한 리스크를 냉철하게 이해하고 그것을 해결할 수 있는 정확한 길을 모색하는 데 있다. 앞서 지적했듯이 지금의 리스크는 어떤 전문적 체계에 의존해 극복될 수 있는 것이 아니다. 그렇기 때문에 기존의 문제해결 시각과는 사뭇 다른 차원에서 접근해야 한다. 이와 관련해 기든스가 주목하는 부분은 인간의 성찰적 능력이다. 성찰한다는 것은 무엇인가? 그것이 어떤 면에서 문제 해결의 열쇠가 될 수 있을까?

우리는 일상의 삶 속에서 많은 경험을 하고 있다. 익숙한 공간 속에서 친밀한 사람들을 만나기도 하지만 전혀 경험하지 못한 낯선 공간 속에서 새로운 사람들을 만나기도 한다. 집에 돌아와 혼자 있게 될 때 하루의 경험을 되새겨보기도 하고 스스로를 돌아보기도 한다. 이러한 일상의 과정을 돌아보면서 한 가지 중요한 사실을 인식하게 되는데 그것은, 우리는 자신에 대해서건, 외부 환경에 대해서건 끊임없이 의미 부여 활동을 한다는 점이다. 인간은 상징적 동물이란 말을 들어보았는가? 이 말은 인간이란, 자극에 대해 본능적으로 반응하는 동물과는 달리, 자기 외부의 자극이든, 내부의 자극이든 그러한 자극들이 어떤 의미를 갖는 것인가를 이해하고 해석한 뒤에, 달리 말하자면 의미를 부여한 뒤에 행동에 나서는 존재임을 뜻한다. 인간에게 세상에 존재하는 모든 것은 단순한 물리적 사물이 아니라 의미를 부여받은 상징적 사물이다. 이는 심지어 자기 자신을 바라볼 때도 해당된다. 말하자면 인간은 자신까지도 의미 대상으로 끄집어낼 수 있는 존재인 것이다.

기든스가 말하는 성찰은 그러한 정신능력에 연관되는 것으로서, 그에 따르면 인간은 언제나 '성찰적 자기감시 reflexive self-observation' 과정에 놓여 있다. 일상적 삶이 연속적으로 이루어지듯이 성찰적 자기감시도 끊임없이 이루어진다. 그런데 이러한 성찰이 가능하기 위해서는 자신과 자신 주변의 환경에 대한 '앎'을 기반으로 한다. 이해란 이해해야 할 대상에 대한 앎을 전제로 하기 때문이다. 인간이 일상적으로 마주 대하는 환경은 친숙하기도 하고 낯설기도 하다. 만약 친숙하고 익숙한 환경이라면 그 환경에 대한 지식을 보유하고 있다는 것을 뜻하기 때문에 예전의 습관대로 움직이는 경향이 강하다. 기든스가 '관행적 의식'으로 명명하는 이러한 의식 상황에서는 지속되는 관례가 바뀔 가능성이 적어 보인다. 하지만 익숙하지 않은 환경에서의 의식 상황, 즉 '담화적 의식'의 상황에서는 앎을 통한 능동적 성찰의 필요성이 커지고 기존 관례의 변화 가능성 역시 올라간다.

기든스가 제시하고 있는 예를 하나 들어보자.

잠을 자고 있는데 어떤 발자국 소리가 들린다. 너무나 자주 들어 귀에 익숙한, 동생의 발걸음이다. 나는 다시 잠을 청한다. 아무런 변화가 없다. 그런데 전혀 들어보지 못한 낯선 발자국 소리일 경우에는? 소리의 실체를 알아봐야 한다고 생각한다. 나의 담화적 의식이 필요해지는 때다. 물건을 훔치러 온 도둑인 것 같다. 그와 싸워서 체포한 후 경찰에 넘긴다. 그런데 나중에 들어보니 그는 단순 강도가 아니라 그전에 엄청나게 큰일을 저지른, 경찰이 오랫동안 쫓고 있던 대도^{大盜}였다. 자, 나는 나의 지식을 통해 사태를 파악하고 도둑을 잡았다. 기대한 결과를 만들어냈고 거기까지는 명백히 내가 의도한 바다. 하지만 그 이후의 결과는 내가 의도한 것은 아니다. 어쩌면 그것은 '우연히' 발생한 결과이리라.

이러한 예를 통해 기든스가 주장하려는 것은 다음과 같다. 먼저, 인간은 의도한 바대로 특정한 결과를 만들어낼 수 있는 행위 능력을 보유하고 있다. 그리고 그러한 행위 능력은 자신이 의도한 바를 만들어낼 수 있기 때문에 그 자체로 권력 행위다.

> 행위는 이미 존재하는 사태 혹은 사건 과정을 '다르게 만드는' 개인의 능력에 의존한다. 만약 행위자가 '다르게 만드는', 즉 일종의 권력을 행사할 능력을 잃게 된다면 그 행위자는 더 이상 행위자가 아니다. …… 다시 말하면 우리는 행위가 변형 능력이라는 의미의 권력을 논리적으로 포함한다고 말할 수 있다.

다음으로 기든스는 인간의 행위가 사태를 변모시킬 수도 있지만 그럼에도 불구하고 그에 따른 결과는 언제나 의도한 대로 나타나는 것은 아니라는 점을 주장한다.

> 장기판 위를 돌아다니는 말의 행동이든 주택 시장에서의 행위자의 행동이든 각각의 행동은 의도적으로 수행된다. 그러나 어느 누구도 그러한 최종 결과를 의도하거나 소망하지 않았다.

이러한 두 가지 주장을 통해 우리는 어떤 최종적 결과란 인간의 의도적 행위와 의도되지 않은 우연성의 복합물이라는 점을 이해하게 된다. 기든스는 《사회구성론》을 통해 인간 행위에 대한 이러한 독특한 논리를 전개했는데, 이 논리가 갖는 함의는 무엇일까? 첫째는 이는 구조주의 대 실존주의, 객관주의 대 주관주의라는 사회학의 오랜 대립 구도를 해결하기 위한 노력의 결실이라는 점이고, 둘째는 근대성의 전 지구화가 초래한 리스크를 해결하기 위한 실천적 사유의 결과물이라는 점이다.

부르디외가 아비투스라는 개념을 정교화하면서 인간과 사회 간에 존재하는 긴장을 해소하고자 했듯이 기든스 역시 행위에 대한 새로운 사유를 통해 그러한 문제를 해결하고자 했다. 그럼, 어떤 면에서 기든스의 행위 개념이 그러한 목적에 부합하는가? 사회 구조의 우선성을 주장하는 입장에서 보자면 인간 행위는 사회 구조의 단순한 반영이다. 즉, 인간의 모든 행위는 사회 구조의 논리적 결과물이거나 또는 사회 구조를 유지하기 위한 기능적 요소인 것이다. 이러한 시각에서 볼 때 인간의 행위는 어떠한 자율성이나 능동성도 갖지 못한다. 기든스는 이러한 논리에 반대하면서 지식을 통한 인간의 행위는 의도된 결과를 만들어낼 수 있고 그 능력은 새로운 사회적 결과의 산출에 기여할 수 있음을 주장했다. 하지만 그는 그럼에도 불구하고 인간의 행위가 완벽하게 자신이 의도한 결과를 산출하는 것은 아니라고 한다. 인간은 우연성의 요소까지 완벽히 통제할 수 있는 지식은 보유하지 못한 것이다. 기든스의 이 주장은 궁극적으로 인간이 만들어낸 결과는 오로지 인간의 자율적이고 능동적인 의지의 결과물이라는 실존주의 또는 주관주의의 입장에 대한 공격을 지향하고 있다.

약간 시각을 달리해서 보면, 기든스가 생각하는 행위는 구조와 행위가 하나로 통합된 개념이라고 할 수 있다. 그가 이러한 통합적 행위 개념을 주장한 이유는, 관념 속에서는 행위와 구조를 분리할 수 있지만 현실 속에서 그 둘은 하나로 묶여 있기 때문이다. 우리가 어떤 행위를 할 때 그 행위는 언제나 우리가 살아가고 있는 사회 구조의 반영일 수밖에 없다. 이런 면에서 행위는 구조의 영향력 속에 있을 수밖에 없으며 그렇기 때문에 주관주의적(실존주의적)으로 행위를 이해하는 것은 부적절하다. 마찬가지로 행위와 떨어져 존재하는 구조 또한 생각할 수 없다. 왜냐하면 구조란 행위를 통해서만 자신의 모습을 보이기 때문이다. 이런 차원에서 행위와 분리되어 존재하는 구조를 주장하는 객관주의(구조주의와 구조기능주의)의 논리 또한 현실에 부합하지 않는다.

기든스는 이러한 방식으로 주관주의 대 객관주의의 긴장을 풀어내고자 했다. 그렇다면 어떤 면에서 그러한 시각이 근대성의 전 지구화에 따른 리스크를 해결하기 위한 대안으로 기능할 것인가?

기든스의 이해를 따른다면 근대성은 전문가 체계를 통한 문제 해결 방식을 지향했다. 이 전문가 체계는 무엇보다 근대성이 진리의 척도로 간주하던 이성과 합리성 원리의 응축물이다. 이러한 문제해결 체계 속에는 엄격한 이성적 추론을 통해 문제의 인과 관계가 명확하게 구축되어 있기 때문에 문제가 발생할 때 그러한 체계를 적용하기만 하면 된다는 신뢰가 내재하고 있다. 그러한 전문가 체계는 근대사회 속에서 아주 오랫동안 작동했는데 문제는 근대성이 범세계적으로 확산되면서 초래된 리스크를 해결하는 데 그것이 더 이상의 효력을 발휘하지 못한다는 데 있다.

그러나 오늘날 우리가 처해 있는 세계는 사상가들이 그럴 것이라고 예측한 바와는 많이 다르다. 세계는 점점 더 우리의 통제 아래 있기보다는 우리의 통제를 벗어나 멀리 달아나는 것처럼 보인다.

근대성의 위기가 전 지구적으로 확대되는 지금의 상황은 확실한 정보의 부재로 특징지을 수 있기 때문에 엄격한 이성과 합리성의 힘으로 무장하고 있는 전문가 체계라고 하더라도 현재의 리스크를 해결할 수 있는 완벽한 정보를 획득하는 것은 불가능하다.

근대성이 최고의 정점에 다다른 지금, 지구 곳곳에서 인종과 종족의 순수성, 종교적 절대성 등 전통의 가치를 외치는 근본주의 운동이 활개치고 있다. 기든스의 시각에서 볼 때 이는 단순히 기묘하고 비정상적인 일탈 행위가 아니라 근대성의 문제해결 능력이 상실되어가고 있는 현재의 혼란 상황에 대한 고민의 결과다. 근대성의 불확실성을 해소하기 위한 움직임인 것이다.

근본주의가 반드시 원시적인 것은 아니다. 근본주의는 근대성과의 진정한 대화다. 발본적 회의라는 원칙은 그 자신에 대해서도 적용될 수 있다. 결국 행위 원칙으로서의 회의는 일상생활 속에서 많은 혼란을 빚어내는데 근본주의는 그것으로부터 안전한 피난처를 제공해줄 수 있다.

하지만 기든스는 근본주의로의 회귀는 아무런 해결책이 되지 못한다고 말한다. 근본주의가 근대성의 불확실성에 대한 대안이 될 수 없는 이유는 단지 그것이 전통적 원리를 지향하기 때문만은 아니다. 기든스에 따르면 전통과 근대는 칼로 무 자르듯이 엄격하게 구분되는 것이 아니다. 근대사회가 발전하는 과정 속에서도 전통은 아주 오랫동안 힘을 발휘해왔고 근대성이 전 지구적으로 확산되는 지금에야 전통의 소멸을 얘기할 수 있을 뿐인 것이다. 그런데 또다시 전통이 근본주의의 이름으로 등장하고 있지 않은가. 기든스가 근본주의를 비판하는 참된 이유는 근본주의자들은 자신들이 고집하는 전통적 가치를 아무런 성찰 없이 공식적인 진리라고 외치고 있기 때문이다. 기든스는 근대성이 정점에 이른 사회(탈전통사회)에서도 전통은 매우 의미 있는 역할을 수행할 수 있다고 생각한다. 하지만 전통이 그러한 역할을 할 수 있기 위해서는 무조건적인 진리 선언이 아니라 '성찰'을 통해 정당화되어야 한다. 이런 차원에서 기든스는 '탈전통사회에서의 전통'과 '유사전통'을 구분한다.

성찰은 근본적으로 자신 밖의 환경만이 아니라 자신에 대한 반성까지도 거부하지 않는다. 성찰은 계속 유동하는 일상적 상황 속에서 모든 것을 감시하는 능력으로, 상황을 초월하는 객관적이고 보편적인 진리의 존재를 거부한다. 그것은 유형화된 전문 지식에 대한 의존을 거부하고 특정한 상황에 대한 특정한 지식을 통해 행동할 것을 요구한다. 아울러 성찰은, 아무리 확실한 지식을 통한 행동이라고 하더라도 우연적인 요소의 개입으로 의도하지 않은 결과가 나올 것을 알기 때문에 지식의 확실성에 대한 신뢰 또한 주장하지 않는다. 확실한 지식과 체계가 부재한 상황에서, 또한 전통의 이름으로 확실성을 고집하는 근본주의가 부상하는 상황 속에서 성찰은 근대성의 담론이든 전통성의 담론이든 이미 만들어진 완벽한 담론의 체계를 벗어나서 각각의 행위자들이 자신과 세계에 대한 지식을 통해 주체적이고 능동적으로 지금의 상황을 반성하라고 주문하고 있다.

　자, 이야기를 정리해보자. 이성과 합리성에 의지하는, 거대하고 보편적인 전문적 지식이 지배하는 '단순 근대성'의 시대와 무조건적이고 맹목적이면서 역시 거대한 근본주의 담론에 의지하는 전통의 시대에 맞서, 인간의 성찰적 능력을 원리로 삼는 새로운 근대성, 즉 성찰적 근대성의 시대를 모색하고자 하는 것이 기든스 사회학의 프로젝트다. 그것이 바로 우리가 곧 보게 될 '제3의 길'로 명명되는 프로젝트다.

🔖 만남7 ▶ 맞불인가, 제3의 길인가?

  지금까지 우리는 아주 많은 지면을 할애해 부르디외와 기든스의 사회학을 살펴보았다. 자, 그럼 이제부터 이 두 사람이 세계화에 대해 어떻게 말하고 있는지 이야기해보자. 우선 염두에 두어야 할 것은 부르디외와 기든스의 사회학적 입장이 세계화에 대한 그들의 진단과 처방에 관한 사고에도 그대로 드러난다는 사실이다. 먼저 부르디외의 경우 모든 사회질서를 불평등의 질서로, 지배-피지배 관계가 작동하는 질서로 보고 있다. 또한 그에 따르면 그러한 불평등과 지배-피지배 관계는 지배자가 사용하는 물리적 차원의 통제 장치만이 아니라, 피지배자의 육체를 통해 문화적 영역 속에서도 은밀한 방식으로 유지되고 재생산된다. 그는 이러한 보이지 않는 지배의 논리에 주목할 것을 강조하는데 그 이유는 피지배자로 하여금 자신들이 지배와 불평등이 유지되고 재생산되는 데 기여하고 있음에도, 마치 그렇지 않은 것처럼 착각하게 만들기 때문이다.

부르디외가 이미 만들어진 사회 질서의 변화 가능성에 대해 다소 비관적인 생각을 하지만 기든스는 이와는 달리, 구축된 사회 질서는 그대로 지속될 수도 있지만 변화의 가능성을 동시에 내재하고 있다고 생각한다. 그러한 변화는 인간의 의식적 행위와 우연적인 요소에 의해 가능한 것이다. 인간은 주어진 상황에 따라 기계적으로 움직이는 수동적 존재가 아니라 자신에게 주어진 상황 속에서 어떻게 행동할 것인가를 판단할 수 있는 능동적 존재로 나타난다.

뚜렷이 대립되는 이 두 시각은 세계화에 대한 입장에서도 그 모습을 드러낸다. 간단히 말하면 부르디외는 본질적으로 현재의 세계화를 특정한 세력이 자신들의 지배력을 유지하기 위해 수행하고 있는 정치·경제적 전략으로 보고 있는 반면, 기든스는 세계화를 그렇게 단 한 가지 관점에서만 볼 수는 없는, 다양한 관점을 필요로 하는 현상으로 이해하고 있으며, 아울러 세계화는 위기를 만들어내기도 하지만 발전의 가능성도 가지고 있는 양날의 칼로 바라보고 있다.

이제, 이 두 사람이 구체적으로 세계화에 어떤 방식으로 접근하고 있는지를 이야기하기로 하자. 먼저, 세계화에 대한 부르디외의 이해는 극단적일 정도로 명료하다. 그는 다음과 같이 말하고 있다.

무제한적인 착취의 유토피아가 실현되어가고 있는 중이다.

현재의 세계화는 진정한 의미의 동질화와 통합이 아니라, 착취를 위한 세계경제의 새로운 질서를 만드는 일이다. 누가 착취하는가? 미국을 비롯한 강대국들과 그들이 주도하고 있는 국제경제 조직들이다. 누구를 착취하는가? 정치·경제적으로 열세에 있는 나라들과 그 나라의 국민들이다. 그런데 여기서 부르디외는 현재의 세계화 속에 숨어 있는 착취의 논리가 19세기 후반의 제국주의적 군사 폭력과 같은 가시적인 물리적 방식이 아니라 세련된 경제 논리를 기반으로 하고 있고, 그렇기 때문에 사람들은 세계화에 숨어 있는 착취의 본질을 인식하지 못하고 있음을 강조한다. 그렇다면 그 논리란 무엇인가? 그 논리가 어떻게 착취의 본질을 은폐하는가? 부르디외는 지금의 세계화를 떠받치고 있는 세련된 경제논리가 바로 '신자유주의[neo-liberalism]'라고 한다. 신자유주의란 무엇인가? 자유주의가 '새롭게[新,neo]' 등장했다는 의미가 아닌가? 그럼 자유주의는 무엇인가?

자유주의와 신자유주의

경제 논리로서 자유주의는 중상주의[重商主義]로 불리는, 국가에 의한 적극적 경제 개입 원리에 대한 반대 논리로 18세기에 유럽의 부르주아 계급을 중심으로 형성됐다. 이들은 모든 경제 활동을 자유로운 교환이 이루어지는 시장의 논리에 따라 이루어지게 해야만 최대의 경제적 효과가 창출된다고 주장했다. 이러한 논리는 국가와 정치 권력에 의한 경제 개입의 부정적 평가와 연결된다. 영국의 경제학자 애덤 스미스[Adam Smith,]

1723~1790의 '보이지 않는 손invisible hand'의 논리를 떠올리면 좋을 듯하
다. 그런데 20세기 초·중반에 들어 자유주의 경제 논리가 과연
최대의 경제적 효과를 창출하는가에 대한 의문이 들기 시작했
다. 이는 1920년대 후반에 서구경제를 강타한 경제 대공황과 그
로 인해 발생한 2차 세계대전의 직접적인 결과였다. 전쟁이 종
결된 후 서구 국가들은 자유주의 경제 원리를 폐기하고 영국의
경제학자 케인스John M. Keynes, 1883~1946가 제창한, 국가의 능동적 개
입에 의한 수요 창출로 요약되는 케인스 경제학을 받아들인다.
1950~1960년대 서방 국가들의 경제체제에서 국가는 가장 중요
한 경제 주체로 활동했으며 그 결과는 유럽과 미국의 경제 부흥으
로 나타난다. 당시 서구국가들의 경제는 '풍요와 복지의 1960년
대'로 불릴 만했다.

　하지만 1970년대에 접어들면서 서구국가들의 경제는 또 다시
불황의 국면에 처하게 된다. 이의 원인으로 1970년대 중반의 석
유파동 등 여러 가지가 있겠지만 일단의 학자들은 케인스 경제
학의 논리에 비판의 눈길을 돌렸다. 말하자면 경제 영역에 대한
국가 개입과 수요 창출을 위한 복지 정책이 본질적인 문제라고
주장했다는 것이다. 이들은 다시 자유주의 경제 원리로 돌아가,
자유로운 시장의 원리를 존중하고 국가의 정치적 간섭의 배제를
통해 경제 활성화를 꾀할 것을 주문했다. 이들의 중심에는, "무
지한 인간이 세우는 완벽한 계획이란 없다"고 주장하면서 시장
의 논리에 의한 경제 질서를 주창한 오스트리아의 경제학자 하
이에크Friedrich von Hayek, 1899~1992가 있었다. 18세기의 자유주의를 고전
적 자유주의라 부른다면, 1970년대 후반 들어 다시 등장한 자유

주의를 신자유주의라 부른다.

 새롭게 부상한 자유주의 경제 논리는 1970년대 후반과 1980년대 초반부터 미국과 영국에서 각각 레이건^{Ronald Reagan, 1911~2004}의 공화당과 대처^{Margaret Thatcher, 1925~}의 보수당 정부가 등장하면서 빠르게 확산되기 시작한다. 이들은 모든 것을 자유경쟁의 시장 원리에 맡겨야 한다고 주장하면서 그에 부합하지 않는 것으로 판단되는 부문들을 바꾸어나간다. 영국의 경우, 대표적으로 그동안 국가에 의해 운영되던 공기업들을 사기업 형태로 바꾸어 시장의 원리를 따르도록 하고 국가 재정에서 복지 부문이 차지하는 예산을 삭감하는 방향으로 나아갔다. 그런데 미국은 국가 내부경제를 시장 친화적으로 바꾸는 데 그치지 않고 국제경제, 즉 무역에도 시장 원리를 적용하고자 했다. 이러한 의지는 앞서 얘기한 우루과이 라운드와 WTO의 창설로 구체화된다. 미국은 그동안 국내 경제의 보호를 위해 이용되었던 각종 무역장벽들을 없앨 필요가 있음을 강조했다. 무역장벽의 철폐는 제조업 상품은 물론이거니와 노동 인력, 자본, 그리고 의료, 복지, 교육, 문화 서비스 부문에 이르기까지 제한 없이 적용된다. 경쟁시장의 원리를 따르는 것이 국가 간 무역의 효과를 최대로 창출할 수 있다는 신자유주의는 미국의 이러한 요구를 합리화하는 경제 논리로 기능했다.

지배를 위해
세계화하라   이러한 신자유주의 논리에 대해 부르디외

가 제기하는 의문의 본질은 '과연 신자유주의를 따라 세계경제가 시장의 원리 아래 하나로 통합되면 모든 국가들의 경제적 부가 최대로 달성될 수 있고, 모든 나라의 국민들이 그러한 경제적 혜택을 볼 수 있는가?'에 있다. 이에 대해 부르디외는 결코 그렇지 못할 것이고, 나아가 그러한 세계화는 궁극적으로 미국을 위시해 경제 세계화를 주도하는 몇몇 부국들의 이익만을 보장할 것이라고 판단한다. 1998년 3월 《르 몽드 디플로마티크Le Monde diplomatique》에 실린, 〈신자유주의의 본질L'essence du néolibéralisme〉에 나타난 논리들을 통해 부르디외의 주장에 접근해보자.

> 결과는 예측 가능하다는 논리에 철저히 기대어, 경제적 제재조치들을 통해 (때로는 자동적인 방식으로, 때로는 예외적이긴 하지만 IMF와 OECD 등과 같은 강력한 수단들과 그것들이 강요하는 노동력 비용의 축소, 공공재정의 절감, 노동 유연화 정책들을 통해) 모든 문제점들을 신속하게 제거하면, 순수하고 완벽한 질서의 경제 세계가 만들어질까? 그것은 유토피아적인 시도일 뿐이라고 하겠지만, 지금 신자유주의는 정치 프로그램으로 바뀌고 있다. 그런데 그 유토피아가 자신이 주창하는 경제 이론에 힘입어 현실에 대한 과학적 논리로 인정받게 될 수 있을까?

부르디외는 신자유주의자들이 생각하는 것처럼 시장 원리가 완벽하게 구축되면 이상적인 경제 질서가 만들어질 것인가, 그리고 정치적인 힘에 의해 만들어지고 있는 그 질서가 과연 현실에 부합하는 객관적인 질서일까에 근본적인 의문을 제기하고 있는 것이다. 여기서 부르디외는 신자유주의 경제 논리는 현실에 맞지 않는 '허구'일 뿐이라고 얘기한다. 왜 그럴까?

> 이 수호 이론은 그 기원이 놀랄 만한 추상화에 기초한 일종의 수학적 허구다. 이 이론이 말하는 합리성은 개인적 합리성이라 는 협소하고 경직된 개념에 불과하다. 이 이론은 그 합리성이 기반하는 사회·경제적 조건과 구조를 은폐한다.

중요한 사실은, 현실과 괴리된 허구적 이론을 주장하고 있음 에도 불구하고 신자유주의자들은 자유무역, 시장, 합리성, 효율 성 등 신자유주의를 지탱하는 가치들이 마치 가장 바람직한 이 상적 경제체제를 만드는 데 기여하는 것으로 사람들을 '오인'하 게 한다는 점이다. 그렇다면 신자유주의 경제 논리는 왜 착각을 유도하는가? 여기서 부르디외는 "신자유주의 경제 담론은 다른 담론들과 같은 담론이 아님"을 강조한다. 그 담론은 "경험적으로 증명할 수 있는, 스스로를 진실인 것처럼 보이게 하는 수단"들을 가지고 있다는 것이다. 그 수단들은 무엇일까? 먼저 지적해야 할 것은 이른바 경제 분야에서 일하고 있는 관료, 학자, 기업인, 연구원, 기자 등 경제 '전문가'로 불리는 사람들이 쏟아내는 '전 문적인' 용어들이다. 보통 사람들의 눈으로 볼 때, 그들의 입에서 나오는 수많은 경제 용어와 설명은 의심의 대상이 되지 못한다. 왜냐하면 보통 사람들은 경제에 대한 '문외한'이기 때문이다. '전 문가'라는 사실 그 자체로 인해 일반 사람들과 경제 전문가들 사 이에 넘어설 수 없는 '구별'이 이루어지고, 경제 전문가들에게 상

징 권력이 부여되는 것이다. 때때로 수학에 기초한 난해한 경제
이론을 동원해 설명되는 그들의 논리는 그 자체로 정당성의 기
반을 갖는다. 부르디외는 다음과 같이 말한다. "권위는 가장 강
력한 기구에 의존하는데, 오늘날 이 사상은 특히 수학이다."

그렇다면 신자유주의 경제 논리를 정당화하기 위한 그들의 이
야기는 어떠한 특성을 갖는가? 부르디외의 《맞불$^{Contre-Feux}$》(1998)
에 실린 〈세계화의 신화와 유럽 사회국가$^{Le\ mythe\ de\ la\ "mondialisation"\ et\ l'État}$
$^{social\ européen}$〉와 〈티트마이어적 사고$^{La\ pensée\ Tietmeyer}$〉라는 두 논문을
통해 살펴보자. 먼저, 그 이야기들은 경제성장이 최고의 가치라
는 전제를 의심하지 않고 있다. 전 독일연방은행 총재 한스 티트
마이어$^{Hans\ Tietmeyer,\ 1931~}$의 이야기가 이를 잘 보여주고 있다.

> 지속적 성장에 유리한 조건들과 투자자들의 신임을 만드는 것
> 이 오늘날 과제다. 따라서 공공예산 지출을 억제해야 하고, 장
> 기간 지탱할 수 있을 때까지 조세와 간접세의 수준을 낮춰야 한
> 다. 사회 복지를 개혁하고, 노동 시장에 대한 경직성을 타파하
> 며, 노동 시장의 유연성을 위해 노력해야만 이 같은 새로운 성
> 장의 국면에 다시 도달할 것이다.

이러한 전문가의 이야기는 "인간 행동의 궁극적이고 유일한 목
표는 최대 성장, 즉 생산성과 경쟁력"이고, "이 최대 성장이 아주
당연한 것처럼 기본적인 전제"로 깔려 있으며, "인간은 이 경제
적 힘에 저항할 수 없음을 인정"하게 한다. 그리고 성장이라는
궁극적 목표를 실현하기 위해서라면 여타의 모든 경제적 필요

들, 예컨대 복지를 위한 공공예산, 부유층들의 세금, 안정적 노동 조건은 주변적인 위치로 후퇴해도 문제가 아니다. 이러한 주장은 신자유주의의 원리를 주도적으로 실천하고 있는 나라들이 얼마나 큰 경제성장을 이룩하고 있는가를 실례로 들 때 한층 더 강한 정당성의 기반을 갖는다.

하지만 부르디외는 '신자유주의 세계화 속에서 경제성장이라는 이유로 정당화하기에는 그로 인해 초래되는 희생들이 너무 많지 않은가?'라는 문제를 제기한다. 부르디외는 노동자들의 불안정한 삶이 만들어내는 사회적 문제들을 경고한다. 신자유주의 세계화를 옹호하는 기업가, 관료, 지식인 등은 경제성장을 위해서는 노동 시장의 유연화가 필요하다고 주장한다. 즉, 노동자들의 채용과 해고를 (기업의 입장에서) 융통성 있게 하기 위한 조건을 만들어야 하는 것을 의미한다. 그렇게 하기 위해 많은 기업들은 정규직 노동자들보다는 시간제와 임시직과 같은 비정규직 노동자들을 고용하는 방향으로 나아가고자 한다. 기업가의 입장에서 비정규직 노동자들의 비중 증대는 두 가지 장점을 갖는다. 첫째는 노동 임금의 비중을 상당 부분 줄일 수 있다는 것이고, 둘째는 비정규직 노동자들은 정기적으로 노동 계약을 갱신해야 하기 때문에, 계약을 맺은 노동자들이 문제가 있다고 판단될 때에는 '언제든지' 그들을 해고할 수 있다는 점이다.

이러한 노동 시장의 유연화로 인해 노동자들은 삶의 불안정을 겪게 되는데, 말하자면 그들은 자신이 언제 어떻게 해고될지 모른다는 불안감과 공포감을 일상적으로 느껴야 한다는 것이다. 그런데 그러한 심리적 압박감은 노동 효율성과 생산성의 감소를 초래하고, 결국 이러한 상황은 해고 가능성을 커지게 한다. 해고 당한 노동자들의 삶이 어떨지를 상상하기란 그리 어렵지 않다. 정규직 노동자로 다시 취업하지 못하는 한, 비정규직 노동자로서의 불안정한 삶을 벗어나기가 쉽지 않을 것이지만 더 큰 문제는 장기적인 실업 상태가 지속될 때 발생한다. 구직을 포기한 실업자들로 인해 일어나는 사회적 문제는 너무나 많지 않은가? 강도, 절도, 성폭력, 알코올 중독, 자살, 가정파괴, 부랑자 등이 그 예들이다.

> 예를 들어 해고와 임시 고용 등 금융 시장에 가해지는 구조적 폭력은 다소 장기간에 걸쳐 자살, 비행, 범죄, 마약 복용, 알코올 중독과 크고 작은 일상적 폭력들로 그 대가를 치른다.

이러한 상황이 지속될수록 사회는 소수의 부유한 사람들과 다수의 가난한 사람들로 구분되어 '양극화'로 불리는 부정적 현상이 등장하게 된다. 부르디외는 자신들의 동료들과 함께 1993년에 《세계의 비참La misère du monde》이라는 책을 출간했다. 여기서 부르디외는 프랑스와 미국의 빈민가를 대상으로 한 인터뷰를 통해 그 두 나라의 사회적 양극화가 얼마나 심각한 상태인지를 보여 주고 있다. 부유한 사람들과 가난한 사람들은 서로 섞일 수 없는 근본적으로 다른 공간에서 다른 삶을 영위하고 있다. 그러한 양극화는 프랑스뿐만이 아니라, 신자유주의 세계화를 주도하고 있는 미국에서도, 아니 오히려 그 나라에서 한층 더 적나라하게 나타나고 있다.

사실 미국의 '게토ghetto*'만큼 이 원리를 잘 보여주는 곳도 없다. 내팽개쳐진 장소인 게토는 근본적으로 '부재不在'라는 말로 정의할 수 있는 장소로서, 우선 그곳엔 국가가 부재하며, 그 밖에 경찰, 학교, 보건 위생기관 등이 부재한다.

가난한 사람들의 공간에는 국가, 공권력, 교육기관, 위생기관이 없다는 말은 사회적 영향력의 기반으로서 자본을 획득할 가능성이 없음을 의미한다. 우리가 앞서 설명한 부르디외의 좌표

Ƴ 게토의 어원

국어사전이나 외국어사전을 보면 게토의 정의는 다음과 같이 크게 셋으로 나뉜다. 1) 유대인 거류지, 유대인 강제거주지구 2) 소수민족, 특히 흑인이 모여 사는 빈민가 3) 격리상태, 고정관념이나 편견 등으로 인해 강제된 생활 방식이다. 이러한 정의에서 볼 수 있듯이 게토는 유대인 역사로부터 시작되어 미국의 흑인 집단과 연결되면서 부정적인 의미를 띠는 용어가 되었다. 기원전 1006년경에 다윗이 건설한 최초의 유대왕국인 헤브라이왕국은 솔로몬의 통치기까지 강성했으나 솔로몬의 아들 르호보암이 왕위에 오르면서 이스라엘왕국과 유대왕국으로 분열된다. 이 두 왕국은 각각 기원전 722년과 587년에 아시리아와 바빌로니아에 멸망하게 되고, 유대인들은 1948년 5월 이스라엘 국가가 건설되기까지 전 세계를 유랑하는 운명에 놓인다. 우리는 이를 '디아스포라(Diaspora)'로 부른다. 유대인들은 유럽의 각지에 흩어져 살게 되는데 기독교가 유럽의 지배적인 종교로 맹위를 떨치는 중세 이후 이들에 대한 정치적·종교적 탄압이 한층 더 거세진다. 이러한 탄압은 유대인들의 거주 공간에 대한 격리 정책으로 나타났는데, 이탈리아, 독일 및 동유럽에서 매우 강력한 양상을 띠었다. 1516년 이탈리아의 베네치아에서 유대인을 주조장(鑄造場)으로 불리는 게토(ghetto) 지역에 격리시키는데 이때부터 유대인의 격리 지역을 뜻하는 용어로 게토가 사용되었다고 한다. 이러한 역사적 기원 속에서 게토는 분리, 구별, 차이, 차별, 빈곤, 불평등 등 부정적 의미를 갖게 되었고, 특히 20세기에 들어 미국에서 흑인들의 집단적 거주 지역을 일컫는 용어로 사용되면서 부정적인 의미가 한층 더 강화되었다.

계를 떠올리자면 이러한 가난한 사람들은 총자본의 규모에서나, 경제자본과 문화자본 간의 비중의 면에서나 절대적인 주변부에 위치하는 사람들이다.

부르디외는 신자유주의 세계화를 지지하는 세력들은 경제성장에만 초점을 맞추면서 그러한 사회적 빈곤과 양극화에 대해서는 애써 눈감고 있음을 지적한다. 하지만 그들이 눈감는 이유는 우연적이라기보다는 의도적이고 전략적이다. 먼저, 노동자들의 희생을 경제성장에 따른 필연적 결과물로 인정하게 되면 성장을 지속하기 위한 정당성이 약해질 것이기 때문이다. 또한 그렇게 되면 실업과 양극화 등의 문제를 해결하기 위한 비용을 기업이 부담해야 할 것이기 때문이다. 이러한 이해 관계로 인해 신자유주의 세계화 세력은 노동자들이 안정적인 직장을 얻지 못하거나, 실업에 처하거나, 사회적 부랑자로 전락하는 현상을 사회경제적 이유보다 '개인적인' 능력 부족에 기인한 것이라는 논리를 확산시킨다.

> 개인으로의 복귀, 그것은 그 개인의 불행의 유일한 책임자로서 '희생자인 그 개인을 비난하고' 그에게 스스로를 도와야 하지 않겠냐고 설교하도록 허락하는 것이다. 이 모든 것은 기업의 부담을 줄이려고 끊임없이 반복된 필요에 의한 것이다.

모든 상황과 결과의 책임이 개인에게 있다는 논리의 확산은 신자유주의 세계화와 비참한 사회적 현실의 상관 관계 또는 인과 관계를 고민할 사회적 분위기의 소멸을 의미한다. 그러한 분위기의 형성은 신자유주의 세계화의 부정적 측면이 가려지면서, 그 자리가 긍정적이고 바람직한 가치들로 채워지는 결과를 만들어낸다. 부르디외가 말하기를 이러한 분위기의 확산과 관련해서는 언론기관과 교육기관의 역할이 중요하게 부각된다. 먼저 신문, 라디오, 텔레비전과 같은 대중매체들은 '지구촌과 세계화 등의 말을 듣지 않고는' 하루도 살 수 없을 정도로 끊임없이 세계화를 보도함으로써 마치 그것이 자명하고 불가피한 현상이라는 인식을 유포한다. 그런데 언론은 매우 은밀하고 세련된 방식으로 그러한 인식을 유포한다. 부르디외에 따르면 언론은 이른바 '완곡어법'을 사용한다. 말하자면 언론이 사용하는 경제 용어는 겉으로 보기엔 매우 중립적이거나 모호해서 그 용어가 담고 있는 본질적인 측면을 은폐하는 효과를 만들어낸다는 것이다.

예컨대, 정부와 기업이 노동자를 해고한다고 할 때 언론은 직접적으로 해고란 말을 사용하지 않고 '구조개혁'이라든가 '인사개혁'이라는 용어를 구사한다. 여기에는 간혹 '과감한', '불가피한', '적절한' 등의 형용사들이 추가되기도 하는데 이 경우 노동자 해고는 객관적인 경제 사정상 어쩔 수 없는 일로 간주되기도 한다. 또한 언론은 '구조조정', '유연한 고용', '탄력적 대응', '규제완화'와 같은 용어를 사용하기도 하는데 이러한 용어들 역시 '무한경쟁'의 경제상황에 맞춰 정부와 기업이 적절하고 합리적으로 행동한다는 뉘앙스를 부여한다. 하지만 부르디외에 따르면 기업의 이른바 불가피하고 합리적인 결정 속에는 수많은 노동자들의 해고와 실업의 고통을 받게 된다는 사실이 숨어 있는데 언론은 이러한 측면에 대해서는 결코 언급하지 않는다. 부르디외는 언론은 사회적 불평등의 존재를 은폐하는 상징폭력의 기능을 수행하고 있음을 말하는 것이다.

우리나라의 언론은 어떠한가? 우리는 '국가 경쟁력'과 '국가 이익'이란 말을 신문과 방송을 통해 너무나 자주 보고 듣고 읽고 있지 않는가? 국가의 성장과 발전을 위해 개혁을 해야 하고 이는 본질적으로 정부의 개입을 줄이고 시장에 의해 결정이 이루어지는 방향으로 추진되어야 한다고 많은 언론이 제안하고 있지 않은가? 언론은 복지를 위한 정부 지출을 줄이고, 사회보장을 축소하며, 해고와 재고용을 용이하게 하는 이른바 유연고용제를 시행하는 유럽의 나라들을 개혁의 모델로 제시하고 있지 않은가? 나아가 복지에 관련된 국가 제도를 강하게 유지하고 있는 나라와 그 반대편 나라들을 비교하면서 전자를 강하게 비판하고 후자를 바람직한 개혁 모델로 규정하는 언론의 보도 방향은 예외가 아니지 않을까? 우리나라 언론 역시 부르디외가 비판하고 있는 신자유주의를 은밀히 옹호하고 있는 것은 아닌가? 부르디외는 신문과 방송이 신자유주의 세계화를 지탱하는 핵심적 가치들을, 완곡하고 우회적인 방식으로, 독자들이 믿도록 하는 것이라고 말하지 않을까? 부르디외는 다음과 같이 주장하고 있다.

대처리즘*은 대처로부터 탄생된 것이 아니다. 이것은 큰 신문사에서 칼럼을 쓰는 지식인 그룹에 의해 아주 오랫동안 준비된 것이다. …… 오래전부터 시작된 이 주입 작업은 오늘날에도 계속되고 있다. 언론계에서 각 신문의 위치와 다양하게 연관되어 모든 프랑스 신문에서, 미국과 영국의 기적 같은 경기 호전에 대한 기사가 며칠 간격으로 주기적으로 나타나는 것을 관찰할 수 있다.

한편, 교육기관은 어떠한가? 부르디외에 따르면 교육기관 역시 신자유주의 세계화의 가치들을 주입하고 그에 부합하는 인간을 형성하는 데 중요한 역할을 수행한다. 무엇보다, 교육기관은 능력주의와 경쟁의 가치를 가르치고 있다. 능력주의란 무엇인가? 본질적으로 사회란 능력을 갖춘 사람과 그렇지 못한 사람들로 나뉜 곳인데, 그 속에서 능력을 갖추지 못한 사람들이 열등한 생활을 하거나 고통을 받는다면 그것은 그 사람의 재능 부족 때문에 초래된 것이라는 이야기다. 그러한 인간관과 사회관에 기초하는 교육이라면 그 교육은 경쟁력, 탁월함, 우월함, 강인함을 갖춤으로써 무한경쟁 사회에서 살아남는 방법을 가르치는 일을 핵심으로 하게 될 것이다. 그러한 가르침에 저항하는 사람이 있다면 현실을 모르는 사람으로 비난받게 될 것이다. 모든 것을 자유경쟁의 원리에 맡겨야 하고, 그 경쟁의 결과는 전적으로 자신에게 귀속된다는 신자유주의 세계화의 논리와 이러한 교육이 다른 점은 과연 무엇일까? 부르디외가 묻고자 하는 점이 바로 이

⅄ 대처리즘

영국 경제의 재생을 위해 대처 총리가 추진한 정책. 기존의 정부가 고수해왔던 각종 국유화와 복지 정책 등을 포기하고 민간의 자율적인 경제 활동을 중시해 강력한 경제 개혁을 추진했다.

것이다.

지금까지의 논의를 정리해보자. 부르디외의 시각에서 볼 때, 지금 전개되고 있는 세계화는 본질적으로, 진정한 의미의 협동과 조화를 위한 통합이 아니라 지배를 위한 통합, '좀 더 잘 지배하기 위한 통합'이다. 그럼에도 불구하고 많은 사람들은 현재의 세계화가 특정 국가와 세력이 시도하고 있는 지배 전략임을 모르고 있다. 왜 그런가? 왜냐하면 통합의 논리로 이용되고 있는 신자유주의의 본질이 왜곡되어 있기 때문이다. 신자유주의는 현실과 전혀 맞지 않는 추상적인 이론임에도 불구하고, 경제 관계자들의 전문적 논리가 상징적인 힘을 발휘하면서, 모두를 위한 타당하고 적합한 이론으로 오인되고 있다는 점과 언론기관과 교육기관에 의해 신자유주의의 가치가 마땅하고 바람직한 것으로 일반인들에게 주입되고 교육된다는 점에 주목해야 한다. 경제 관계자, 언론기관, 교육기관의 그러한 노력들은 보통 사람들의 몸속에 신자유주의가 체화되는, 말하자면 '신자유주의적 인간'이 만들어지는 효과를 창출하고, 그렇게 되면 이제 지배 집단의 의식적인 노력이나 의지가 없어도 피지배 집단들의 오인과 공모에 의해 신자유주의 세계화의 지배 논리가 관철되게 된다.

세계화에 '맞불'을 질러라

부르디외는 이러한 신자유주의 세계화에 대항해 싸울 것을 역설한다. 급속하게 번지고 있는 신자유주의 세계화의 불길을 막기 위해 '맞불Contre-feux, 영어로는 counterfire'을 지펴야 한다고 주장한다. 그렇다면 부르디외가 생각하고 실천했던 맞불의 구체적인 전략은 무엇일까? 그는 두 가지 방향을 제시하는데, 첫째는 지배의 논리라는 신자유주의 세계화의 숨은 본질을 고발하는 일이며, 둘째는 신자유주의 세계화에 저항하는 세력들의 국제주의 연대를 조직하는 일이다.

첫째 문제부터 살펴보자. 부르디외에 따르면, 모든 사회 관계는 지배-피지배의 불평등 관계이고 그 속에 등장하는 모든 생각과 행위는, 아무리 평범하고 대수롭지 않은 것으로 보인다고 하더라도, 그것은 정치적 전략이다. 우리가 앞서 살펴보았듯이, 상류 계급들의 문화 취향 분석과 관련해, 부르디외는 그 취향들은 겉으로 보아 그저 그들의 개별적인 문화 선호도를 반영하는 듯하지만 사실상 그것은 상류 계급이 여타의 계급들과 구별되기 위해 실천하는 상징적 전략이라고 말한다. 사람들은 그들이 즐기는 스포츠와 여가, 입는 옷, 먹는 음식, 걷는 자세, 말하는 태도 속에서 어떠한 정치적 의지도 발견하지 못하지만 바로 그 점이 상류 계급이 노리고 있는 핵심적인 지배의 전략이다. 말하자면 지배를 받고 있으면서도 느끼지 못하게 하는 고도의 상징지배가 실현되는 것이다. 부르디외의 사회학적 시각에서 볼 때 "순수한 사유란 존재하지 않는다." 그렇기 때문에 그는 "사심 없는 행위가 가능한가?"라고 묻고 있는 것이다.

사심 없는 행동들은 가능한가? 가능하다면 어떻게, 그리고 어떤 조건들에서 가능한가? 우리가 어떤 의식철학에 머문다면, 분명한 것은 우리가 이 문제에 부정적으로밖에 대답할 수 없으며, 외관상 사심 없는 모든 행동들이 어떤 형태의 이익을 극대화하겠다는 의도를 숨기고 있다는 점이다. 상징적 자본(상징적 이익)의 개념을 도입함으로써 우리는 이 순진한 비전에 대한 문제제기를, 말하자면 철저하게 밀어붙일 수 있다. 즉, 아무리 극단적인 금욕이나 헌신, 성스러운 행동들이라 할지라도 그것들은 성스러움이나 명성 등의 상징적 이익의 추구에 의해 고무된다고 항상 의심을 받을 수 있다.

신자유주의 경제 이론 역시 이러한 부르디외 사회학의 그물로부터 빠져나올 수 없다. 부르디외는 신자유주의가 그 뿌리를 내리고 있는 자유주의는 외견상 합리적이고 보편적인 인간관과 사회관에 기초하고 있는 듯하지만 그것은 자본주의 경제가 지향하는 이해 관계를 무의식적으로 반영하고 있음을 강조한다. 동일한 논리로, 다채로운 수학적 도구들과 난해한 경제학적 용어들을 통해 신자유주의가 일종의 객관적이고 중립적인 순수 경제 이론으로 나타나든지, 언론기관과 교육기관에 의해 신자유주의 세계화의 불가피성과 정당성이 주입되든지 하는 것은 본질적으로 강대국에 의한 약소국의 지배, 그리고 부유한 집단들에 의한 가난한 집단의 지배라는 이해 관계의 논리인 것이다.

부르디외에 따르면 "사물의 은폐된 본질을 드러내는 일"을 자신의 임무로 삼는 학문인 사회학은 이제 신자유주의 세계화의 은밀한 지배의 논리를 고발하는 데 모든 힘을 기울여야 한다. 지식인은 이러한 사회학의 임무를 담당해야 할 중요한 집단이 되어야 한다. 이들은 신자유주의의 보편성을 설파하는 모든 학문 세력에 맞서 싸울 수 있는 "지적이고 문화적인 무기"를 만들고 보급해야 한다. 또한 이들은 신자유주의 세계화의 불가피성과 합리성을 확산시키는 언론의 공세에 맞서 싸워야 한다.

> 우리는 '지구촌', '세계화' 등의 말을 듣지 않고는 라디오를 들을 수 없다. 겉으로는 아무렇지 않은 말들이지만 이를 통해 숙명론과 복종을 의미하는 모든 철학과 세계관이 전해진다. 이런 말들을 비난하면서 언론의 집중 공격을 막을 수 있다. 즉 권위 효과를 물리치고, 절대적으로 중요한 역할을 하는 텔레비전과 싸우기 위해, 특별한 저항의 무기를 갖추도록 비전문가를 돕는 것이다. 오늘날 우리는 텔레비전에 대항하는 특별한 투쟁 계획을 갖지 않고는 사회 투쟁을 이끌어 갈 수 없다.

하지만 지식인의 지적·문화적 무기만으로는 신자유주의 세계화의 불길을 막을 수 없으므로 그에 저항하는 세력들 간의 국제주의 연대를 구축해야 한다. 신자유주의 세계화의 불길이 한 나라 또는 특정한 몇몇 나라를 넘어서고 있기 때문이다. 이와 관련해 부르디외는 지식인, 노동 운동가, 사회 운동가들은 물론이거니와 일반 시민들을 포함하는 국제주의 연대를 구축하고 그에 기반해 저항을 시도하고자 한다면 여러 가지 노력들이 수반되어야 함을 강조한다. 먼저, 각국의 노동 조직과 지도자들이 자신들이 놓인 국가적 차이를 극복하고 하나로 결집된 조직력을 발휘해야 한다. 이는 현실적으로 쉽지 않은 문제이긴 하지만 국가별 노동 조직 간의 정보교환과 협력체제 구축을 통해 실현해야 한

다고 부르디외는 강조한다. 또한, 그는 지식인들이 앞장서서 시
민 교육과 동원을 위해 노력해야 하며 아울러 신자유주의 세계
화의 흐름들을 막아내는 움직임이 각 국가 속에서 활성화되어야
한다고 역설한다. 이러한 국제주의 연대를 통한 투쟁은, 시장을
위해 국가를 약화시켜야 하며, 경쟁을 위해 복지를 축소시켜야
한다는 신자유주의 세계화의 논리에 맞서 국가와 복지를 지켜내
기 위해 힘을 기울여야 한다.

　1990년대 중반 이후 부르디외가 프랑스의 노동 운동과 실업자
운동 등에 열렬한 지지를 보내고, 1990년대 후반 IMF 관리체제
하에서 전개된 한국의 노동 운동에 깊은 관심을 보인 것은 이러
한 국제주의 연대 실천을 위한 노력으로 봐야 할 것이다.

경제적 세계화를
넘어서
　자, 이제 기든스가 세계화를 어떻게
이해하는가를 논의해보자. 세계화에 대한 기든스의 이해는 부르
디외와 '완전히' 다르다. 부르디외는 보다 효율적인 국제적 지배
를 위한 강대국, 특히 미국의 정치적 통합 전략으로 세계화를 이
해하지만 기든스는 그러한 이해는 세계화의 본질을 비껴가는 것
임을 강조한다. 그는 세계화의 본질이 인류의 새로운 삶의 환경
이라는 데 있다고 말한다.

　세계화는 이제 외부에서 불어오는 변화의 바람이 아니다. 세계
　화는 이미 우리의 생존을 규정하는 흐름이며 우리가 살아가고

있는 방식 그 자체, 즉 우리가 숨쉬는 호흡, 혹은 마시는 공기다.

인류의 보편적인 환경으로 세계화를 이해한다는 것은 정치 · 경제적 관점에서만 세계화를 바라볼 수는 없다는 것과 긍정과 부정이라는 이분법적 잣대를 함부로 댈 수 없다는 것을 의미한다. 이런 시각에서 기든스는 세계화는 정치 · 경제적 영역만이 아니라 문화, 의사소통 관계, 가족 관계 등 전반에 걸쳐 진행되는 변화로 이해하고 있으며 그러한 변화는 긍정적인 요소와 부정적인 요소를 동시에 내재하고 있음을 강조한다.

세계화는 단일의 과정이 아니고 복잡한 일련의 과정으로, 이런 과정들은 모순되거나 상반되는 방식으로 작동하고 있다.

기든스는 세계화가 인류의 보편적인 환경으로 등장하고 있다는 사실을, 세계화란 용어가 전 지구적으로 확산되고 있다는 점과 그 용어를 둘러싼 광범위한 토론이 이루어지지 않는 나라가 없다는 점을 통해 발견하고 있다.

자, 이제 본격적으로 논의를 시도해보자. 세계화는 어떤 힘에 의해 추동되고 있는가? 거스를 수 없는 대세로서 세계화는 사람들에게 어떠한 의미로 다가오고 있는가? 이제 사람들은 어떠한 삶을 맛보게 될 것인가? 부르디외가 볼 때 세계화의 본질적 추동력은 신자유주의를 이념으로 하는, 강대국의 정치 · 경제적 이해관계에 있다. 또한 그러한 세계화 속의 삶은 부유한 나라와 빈곤한 나라, 부유한 집단과 가난한 집단의 양극화 양상을 보일 것이며 적어도 후자는 고통스럽고 비참한 삶을 경험하게 될 것이다. 하지만 기든스는 그러한 입장과는 달리 세계화는 다층적인 힘에 의해 만들어지고 있는 것이며 그 속에서의 삶 역시 하나의 관점에서 평가할 수 없을 만큼 복잡다단할 것이라고 주장하고 있다.

우선, 세계화의 추동력에 대해 살펴보자. 첫째로, 기든스는 세계화, 즉 인류 환경의 거대한 통합과 단일화는 통신 혁명을 통해 가능했다고 주장한다. 통신 혁명의 본질은 지구상의 어느 지역에 있든지 다른 어떤 지역이나 지점과 자유롭게 통신할 수 있다는 데 있다. 잘 알려져 있듯이 이러한 통신 혁명은 인공위성과 해저 케이블 기술을 기반으로 실현될 수 있었으며 지금은 컴퓨터 기술과 통신 기술의 결합으로 탄생한 뉴미디어의 총아, 인터넷에 의해 추동되고 있다.

다음으로 기든스는 1980년대 후반 소비에트 경제블록의 붕괴가 세계화를 추동시킨 또 다른 요인임을 지적하고 있다. 앞서 살펴보았듯이 그 이전까지 세계는 이념적인 기준을 따라 거대한 두 블록으로 분열되어 있었다. 이념, 정치, 군사, 경제적인 차원에서 각 블록들은 하나로 통합되어 있었지만 두 블록 사이에는 넘을 수 없는 단절이 존재하고 있었다. 그런데 그 블록의 한 쪽이 해체되기 시작하면서 세계는 이제 단일한 통합체제를 이룩할 수 있게 되었다.

셋째, 기든스는 경제 부문의 통합에 주목하고 있다. 과거의 교역을 생각해보면 각국 정부는 다양한 수단들을 통해 국가 간 교류에 적극적으로 개입했기 때문에 교역의 규모나 속도 면에서

세계화에 반대하며 거리로 나온 시위대

민영화에 반대하는 시위대 중 한 여인이
경찰과 대치하고 있다.

많은 제약이 있었다. 하지만 지금은 그러한 양상과는 달리 엄청난 규모와 속도를 통한 국제교역이 전개되고 있다. 점점 더 약화되고 있는 국가 통제력과, 급속히 성장하는 통신 네트워크에 힘입어 이제 각국의 금융 시장은 엄청난 양의 자본을 실시간으로 주고받을 수 있게 되었다. 기든스는 "오늘날의 금융 시장은 그것의 범위와 동시성, 거래액을 볼 때 입이 다물어지지 않을 정도"라고 말하고 있다.

끝으로 기든스가 지적하고 있는 세계화의 추동 요인은 일상생활상의 가치관 변화다. 그는 특히 남성과 여성 간의 분열과 차이가 극복되고 있음을 강조하고 있다. 성적 불평등이 해소되면서 통합으로 나아가는 현상은 어느 특정 국가에서만 목격되는 것이 아니다. 오히려 그것은 전 세계적인 차원에서 거대한 흐름으로 전개되고 있다는 것이 기든스의 주장이다. 그는 말한다. "남녀평등은 일상생활에서 일어나고 있는 진정한 세계적 혁명"이라고.

이러한 네 가지 힘에 의해 그 모습을 드러내고 있는 세계화는 사람들에게 어떤 의미로 다가오는가? 사람들은 그 속에서 어떠

한 삶의 변화를 경험하게 될 것인가? 이에 대해 기든스는 부정
적이고 바람직하지 않은 측면과 그 반대로 긍정적이고 소망스런
측면이 동시에 나타날 것인바, 따라서 세계화를 단선적이고 흑
백논리적 시각으로 볼 수 없음을 강조하고 있다. 윌 허턴[Will Hutton]
과 함께 저술한 《기로에 선 자본주의[On the Edge: Living with Global Capitalism]》
(2000) 종결부의 한 부분을 인용해보자.

> 우리는 다중 혁명의 시기에 살고 있다. 우리는 디지털 혁명과
> 정보 기술에 중심을 두고 생명공학에 확장되고 있는 비상한 기
> 술적 변화를 목도하고 있다. 새로운 전 지구적 자본시장은 유례
> 가 없을 정도의 범위, 유동성과 투기 잠재력을 가지고 있다. 더
> 이상 오래된 편견에 속박되지 않는, 여성의 변화하는 역할은 선
> 진국뿐만 아니라 세계 모두에서 긴장과 기회의 원천이 되고 있
> 다. …… 이러한 모든 현상들이 공존하고 서로를 강화하고 있
> 다. 이런 현상들 모두는 우리가 세계화라고 부르는 과정을 추진
> 시키고 또한 그것의 결과로 초래되고 있다. 지금은 영광스럽기
> 도 하지만 불안이 증대하는 시기다. …… 생활 수준은 특히 후
> 진 국가들에서 끔찍한 가난으로 얽은 자국이 있기는 하지만, 전
> 세계적으로는 전반적으로 향상되고 있다. 기대수명은 전 세계
> 에 걸쳐 일반적으로 증가하고, 유아 사망률은 감소하고 있다.
> 여성들은 가사노동의 고역으로부터 해방되고 있다. 개방된 세
> 계경제는 기회, 창의성 및 부를 제공하는 하나의 귀중한 습득물
> 이다. 그러나 개방적 세계경제는 불확실하고 잠재적으로 위험
> 한 체제다.

그가 말하고 있듯이 가장 큰 위험 잠재성을 지니고 있는 부문은 경제 부문의 세계화다. 어떤 면에서 볼 때 지금의 자본주의 경제 통합은 미국을 필두로 하는 서구의 부유한 나라들에 의해 전개되고 있고, 그렇기 때문에 그 나라들의 이해관계를 반영하는 편향된 측면이 강하게 존재하고 있으며, 그 결과 부국과 빈국 간의 경제적 격차들이 확대될 가능성 역시 적지 않다는 점을 기든스는 부정하지 않는다. 그는 가장 빈곤한 나라들 20퍼센트가 세계 소득에서 차지하는 비율이 1989년 2.3퍼센트에서 1998년 1.4퍼센트로 하락한 반면 부유한 나라들 20퍼센트의 경우에는 증가를 경험했다는 통계를 주시하고 있다. 하지만 그렇다고 해서 그는 경제 세계화를 전적으로 부정적인 측면으로만 바라볼 문제가 아님을 강조한다.

왜일까? 그는 지금의 세계적 경제 통합이 무조건 선진 부국들의 이익 창출에만 봉사하는 것은 아니라는 점을 지적하고 있다. 이와 관련해 그는 '역식민화reverse colonization'라는 용어를 사용하는데 이 말은 경제 세계화가 서구의 부국에 속하지 않은 나라들에게도 실질적인 기회를 제공하고 있음을 의미한다. 예컨대, '아시아의 호랑이'로 불리는 한국, 대만, 싱가포르, 홍콩의 경제 발전과 브릭스BRICs로 명명되는 중국, 브라질, 인도, 러시아의 경제적 영향력은 자본주의 경제 통합과 밀접한 관계를 갖는다는 것이다. 그렇다면 지금의 경제 세계화를 불평등만을 창출하는 부정적인 현상보다는, 위험과 기회를 동시에 간직하고 있는 양면적 현상으로 볼 필요가 있고 그 속에서 최대의 이익을 끌어내기 위한 노력을 경주해야 할 필요가 있다. "오늘날 경제 세계화는 어두운 측면이 있지만 경제 발전의 매개체"가 될 수도 있기 때문이다.

오히려 기든스는 경제 세계화의 문제보다는 전 지구적인 생태 위기를 더 심각하게 고려해야 할 것임을 역설한다. 앞서 살펴보았듯이 기든스는 근대성의 원리가 전 지구적으로 확산되면서 발생할 수 있는 '제조된 위험'에 주목하고 있다. 핵 기술의 위험이 상존하고 있을 뿐만 아니라, 지구 온난화에 따른 자연재해 역시 엄청난 공포를 초래하고 있다. 또한, 지구 곳곳에서 재배되고 거래되고 있는 유전자 조작 식품이 인류의 건강에 미칠 부정적 영향력 역시 간과할 수 없는 중요한 위기의 요소다. 더 심각한 문제는 이러한 리스크가 국가 간 경계를 넘어 범세계적인 차원으로 파급될 가능성이 크다는 점이다.

하지만 기든스는 세계화는 그러한 부정적인 측면들만이 아니라 바람직한 측면들도 만들어내고 있다는 점에 주목할 것을 강조한다. 그렇다면 세계화의 긍정적인 부분들은 무엇일까? 우선, 세계화에 의해 정치 민주화가 촉진되고 있다는 점을 들 수 있다. 1980년대 후반 소련을 필두로 동유럽 국가들이 기존의 억압적 독재체제로부터 벗어나 자유를 구가하는 새로운 민주주의체제로 나아간 데에는 분명 정보통신의 세계화가 중요한 역할을 수행했다고 말할 수 있다. 억압적 정치체제를 유지하는 데 가장 필수적인 요소는 언론을 권력의 지배하에 두고 국가 정보를 통제하는 것이다. 동유럽의 독재체제는 아주 오랫동안 그러한 정치적 기능을 성공적으로 수행했다. 하지만 1980년대 중후반 정보통신 기술의 발달로 말미암아 그러한 정치적 노력은 궁극적으로 실패로 귀결된다. 동유럽 시민들은 서방의 방송매체로부터 오는 정보들을 수용하면서 정치적 저항의식을 키워왔으며 이는 궁극적으로 억압체제를 붕괴시키는 데 중요한 힘을 발휘했다.

소비에트와 동유럽 체제는 서방의 라디오, 텔레비전 방송의 수용을 금지할 수가 없었다. 제1의 '텔레비전 혁명'이라고 불리는 1989년의 혁명에서는 텔레비전이 직접적인 역할을 수행했다. 한 국가에서 일어나고 있는 거리의 저항이 다른 국가 텔레비전 시청자들의 주목을 끌었고 많은 시청자들이 스스로 거리로 뛰쳐나갔다.

그런데 세계화의 힘은 억압체제의 민주화만이 아니라 이미 민주화를 성취한 나라들의 정치적 능력에 대해 근본적인 회의를 불러일으키면서 새로운 형태의 민주주의 모색을 자극한다. 기든스는 서방 국가들의 경우 외형적으로는 민주주의 정치제도를 갖추고 있지만 과연 그 제도가 효과적으로 작동하고 있는가에 대해 부정적인 견해를 드러내고 있다. 그 나라에 만연해 있는 정치인에 대한 불신, 투표율 하락, 시민들의 정치적 무관심 등이 서구 국가들의 민주주의의 위기를 느끼게 하는 지표들이라고 할 수 있다. 그런데 세계화의 도래가 어떤 점에서 민주주의의 위기와 국가의 무능력을 초래하고 있는가? 세계화는 국제적 금융 거래, 범지구적인 환경 재난, 국제 범죄 네트워크 등 한 국가의 능력으로는 해결할 수 없는 수많은 사안들을 양산하고 있기 때문이다. 이러한 문제들은 국경을 초월하는 현상이자, 전문가 체제를 통한 해결을 어렵게 하는 복잡다단한 현상이다. 이러한 사실이 전문가 체제에 기반하고 있는 서구 민주주의 체제의 효율성을 약화시키고 있다는 것이 기든스의 주장이다.

> 국민국가들과 그 시민들의 생활에 영향을 미치는 세계화 세력 사이에 대규모의 민주적 결손이 드러나고 있다. 생태환경적 리스크, 세계경제의 변동, 또는 세계적 기술 변화는 국경을 가리지 않는다. 이러한 것들은 민주적 과정을 벗어나고 있다.

그는 민주주의 제도가 구축되어 있기는 하지만 그것이 효과적으로 작동하지 못하는 이러한 현상을 가리켜 '민주주의의 역설'이라고 했다. 그럼, 이 역설을 어떻게 효과적으로 해결할 수 있을 것인가? 기든스의 표현을 빌리자면 어떻게 "민주주의의 민주화democratization of democracy"를 이룰 수 있을 것인가? 그는 세계화에 따라 등장하고 있는 새로운 움직임 속에서 해결의 가능성을 찾을 수 있다고 한다. 기든스가 주목하고 있는 변화는 가족 관계의 변화다. 지난 시절의 가족은 남성과 여성 간의 수직적 역할 분업만이 아니라 남성과 여성, 부모와 자식 간의 위계적 관계로 특징지을 수 있다. 그러한 수직적 관계 속에서 여성은 하나의 인격체로 대우받기보다는 남성의 종속물로 다루어졌고 자녀들 역시 독립적인 인격체보다는 한 가정의 부속물로만 여겨졌다. 그런데 세계화의 물결 속에서 이러한 전통적 가족 관계의 위기를 예고하는 많은 징후들이 목격되고 있다. 예컨대, 결혼은 반드시 해야 하는 의무적인 사항이라는 관념이 약화되고 있을 뿐만 아니라 결혼을 하더라도 편부모 가족, 동성애 가족 등 전통적인 가족을 벗어나는 새로운 가족을 꿈꾸기도 한다. 아울러 과거에는 결혼 이후 자녀를 갖는 일이 당연한 것이었지만 현재 자녀는 하나의 선택 사항으로 바뀌고 있기도 하다. 이러한 변화에 대한 기든스의 해석은 매우 독창적인데 그것은 결혼, 가족, 자녀에 대한 관념이 근본적으로 달라지고 있음을 의미한다. 과거의 가족은 노동력 재생산, 혈통 계승, 성인으로서의 의무 등의 가치에 의해 지배되었지만 지금은 '정서적 교감'과 '친밀성'의 가치가 지배적으로 자리잡고 있다는 것이다. 정서적 교감과 친밀성의 원리를 따르는 가족의 내부는 무엇보다 신뢰, 존중심 그리고 평등의식으로 채워진다. 기든스는 이러한 관계를 '순수한 관계'로 명명한다.

　이러한 순수한 가족 관계는 궁극적으로 사회의 민주주의 발전에 매우 긍정적으로 작용한다. 본래 민주주의란 구성원 간의 신뢰와 상호존중 그리고 평등을 기반으로 운영되는 체제로서 가족 내부로부터 그러한 원리와 가치가 형성될 때 민주주의의 잠재력 또한 확대될 것이기 때문이다. 그러한 방식으로 형성될 새로운 민주주의를 기든스는 "정서의 민주주의ª democratization of emotions"라고 말하고 있다.

　민주주의에서 모든 사람들은 원칙적으로 평등하며, 권리와 책임의 평등과 더불어 상호 간의 존경이 따라온다. 열린 대화가 민주주의의 핵심적 속성이다. …… 이상으로서의 원리들을 관계에 적용할 때 우리는 매우 중요한 무엇을, 즉 내가 일상생활에서 정서의 민주주의라고 부르게 되는 것을 발견할 수 있다.

나에게 정서의 민주주의는 우리 삶의 질을 향상하는 데 있어서
공적인 민주주의만큼이나 중요하다.

'제3의 길'로 가라

근대성이 세계적 규모로 확산되면서 초
래되는 리스크 사회에서는 어떠한 정치, 어떠한 민주주의가 요
구되는가? 우리가 앞서 살펴봤듯이 기든스는 '성찰', '정서의 민
주주의'와 같은 원리를 통해 새로운 정치와 민주주의의 윤곽을
그려냈다. 위의 논의들이 철학적이고 사회학적인 방향에서 포괄
적인 논의를 담고 있다면 기든스가 1988년에 출간한 《제3의 길》
은 매우 구체적이고 실제적인 차원에서 대안의 정치와 대안의
민주주를 제시해주고 있다. 책의 제목이 말해주듯이 그 대안은
이른바 '제3의 길'이다.

이 저술은 학자로서의 대중성과 명성을 기든스에게 안겨준 책
이라는 의미도 있지만 그보다 더 중요한 사실은 1997~1998년
서유럽, 특히 영국, 프랑스, 독일의 정치적 변화가 '제3의 길'이
라는 개념을 통해 이론적인 정당성을 확보할 수 있었다는 점이
다. 그 결과 기든스의 '제3의 길'은 서유럽의 학자들과 정치인들
의 대논쟁에서 중심으로 서게 된다. 여기서 말하는 서유럽의 정
치적 변화란 좌파정당들의 정권 장악이다. 1997년 5월 영국 총
선에서는 블레어가 이끄는 노동당이 승리했으며, 같은 해 6월
프랑스 총선에서 조스팽이 주도하는 사회당 연합(사회당, 공산당,
녹색당)이 승리했고, 1998년 9월 독일 총선에서 슈뢰더Gerhard

Schröder, 1944~의 사회민주당 연합(사회민주당, 녹색당)이 승리를 얻었다. 그런데 이 정당들은 기존의 좌파정당들이 내세우고 있던 이념적·정책적 노선으로부터 거리를 두고 있었는데 이는 향후의 사회경제정책들을 통해 그 모습을 드러낸다.

특히 영국의 경우에서 이러한 모습은 명확히 드러난다. 블레어의 노동당은 과거의 영국 노동당이 고수하던 전통적인 사회주의 이념과 정책을 포기하고 새로운 길을 선언했던 것이다. 이러한 노선 변화는 무엇보다, 1994년 당수로 임명된 블레어에 의한 노동당 당헌 제4조의 폐지를 통해 상징적으로 드러났다. 노동당 당헌 제4조는 이념적·정책적으로 어떤 위상과 의미를 갖는가? 당헌 제4조의 내용은 다음과 같다.

'제3의 길' 신노동당의 세계관			
	구좌파 (사회민주주의자)	신우파 (신자유주의자)	제3의 길
정치	계급	계급	연합
인간 본성	'기사'(선하다)	'악당'(악하다)	혼합
국가·정부	최대화	최소화	재구조화와 개혁
시민사회	최소화	최대화	증진
민족	반대(국제주의)	찬성(민족주의)	세계주의적 민족
경제	국유경제에 바탕한 혼합경제	시장경제	'새로운 혼합경제' 규제와 경쟁
복지	찬성	반대	인적 자원에 투자
세계 질서	프롤레타리아 국제주의	전쟁(고립주의)	적의 부재 – 위험만이 존재

노동당은 민주적 사회주의당이다. 우리는 개인이 노력하는 것
보다 공동으로 노력함으로써 잠재력을 실현할 수단을 더욱 많
이 얻을 수 있고, 권력과 부의 기회가 소수의 손이 아니라 다수
의 손에 있는 공동체를 더욱 잘 건설할 수 있으리라고 믿는다.
그 공동체에서는 권리를 향유하면서도 의무를 수행하고, 우리
모두가 연대와 관용과 존경의 정신으로 자유롭게 더불어 산다.

이 당헌 제4조는 국유화, 복지국가, 완전고용 등 영국 노동당
이 지향하는 사회주의 정책들의 이념적 기반이 되었던 것이기
때문에 이의 폐지는 노동당의 본질적 변화를 의미하는 것으로
볼 수 있다. 그리하여 우리는 블레어의 노동당을 기준으로 영국
노동당을 '구노동당'과 '신노동당'으로 구분하고 있는 것이다. 이
후 블레어는 《영국 개혁 이렇게 한다New Britain: My Vision of a Young Country》
(1997)와 《제3의 길 : 새로운 세기를 위한 새로운 정치The Third Way:
New Politics for the New Century》(1998) 등의 저술을 통해 신노동당의 노선을
명확히 밝힌다.

기든스가 추구하는 대안적 정치의 핵심 개념인 제3의 길은 영
국 신노동당의 새로운 정책 노선에 매우 큰 영향을 미쳤다. 기든
스가 블레어 총리의 정책 고문으로 활동하고 있다는 사실을 환
기할 수 있겠다.

이제 기든스의 제3의 길이 과연 어떤 길인지 이야기해보자.
제3의 길이라면 무슨 생각이 떠오를까? 제1의 길과 제2의 길의
대안적 길을 말하는 것이라는 생각이 쉽게 떠오를 수 있겠다. 또
한 그 속에는 제1의 길과 제2의 길이 잘못된 길이라는 의미가 내

포되어 있는 것 같기도 하다. 그렇지 않다면 굳이 대안으로서 제3의 길을 찾을 필요도, 정당성도 없기 때문이다. 그럼, 기든스가 말하는 제1의 길과 제2의 길은 무엇이며 왜 그 두 길이 올바른 길이 아닐까?

기든스는 1998년 《제3의 길》을 출간하기 전, 1994년에 《좌파와 우파를 넘어서 Beyond Left and Right : the Future of Radical Politics》를 출간한다. 이 책의 제목은 기든스가 말하는 제1의 길과 제2의 길이 무엇인가를 명확하게 드러내준다. 그것은 서구 좌파의 길과 우파의 길이다. 서구에서 좌파와 우파는 어떤 세력들인가? 그들은 각각 어떠한 가치와 이념을 추구하고 있는가?

이에 답하기 위해 먼저, 좌파와 우파의 의미를 살펴보자. 좌파와 우파가 정치적 개념으로 사용된 때는 프랑스 혁명기로 거슬러 올라간다. 프랑스 혁명 직후 소집되었던 국민의회에서 의장석에서 볼 때 왼쪽 편에는 절대왕정에 반대하는 공화파 세력이 자리를 차지하고 있었던 반면, 오른 쪽에는 왕정을 지지하는 왕당파 세력이 자리를 점하고 있었다. 그 이후, 1792년 왕정이 폐지되고 공화국이 수립되면서 소집된 국민공회에서는 무산자 계급, 즉 인민의 공화주의를 외치는 급진 자코뱅 Jacobins 세력이 왼쪽 자리를 주로 차지하고 있었던 반면에 오른 편은 유산자 계급, 즉 부르주아의 공화주의를 지지하는 지롱드 Girondins 세력이 차지하고 있었다. 이러한 혁명의 역사 속에서 우파는 혁명에 반대하거나 또는 온건하고 제한된 혁명을 지지하는 세력으로, 좌파는 그 반대에 서서 급진 혁명을 추구하는 세력으로 이해되었다. 하지만 프랑스 혁명으로부터 200여 년이 지난 지금에 이르러서도 좌파와 우파가 중요한 정치적 개념으로 통용되고 있지 않은가? 좌파와 우파가 프랑스 혁명기에 태동한 개념이라면 그것이 어떻게 현대 정치에서도 통용될 수 있었을까?

여기서 우리는 혁명기의 좌·우파 개념 속에는 지금까지도 통용 가능한 보편적인 요소가 담겨 있다고 생각해볼 수 있겠다. 왕당파가 혁명을 반대했던 이유는 혁명이 계급적 신분 질서를 해체시킬 지도 모른다는 우려 때문이었다. 신분 질서는 왕족, 성직자와 세습귀족들이 누리고 있던 일련의 경제적·사회적·문화적 특권을 보장하는 강력한 제도였다. 반면에 혁명을 이끌었던 공화파 세력은 왕당파가 지켜내고자 한 신분 질서를 해체시키려고 했는데 왜냐하면 그 제도는 사회 구성원 사이에 '차별'과 '불평등'을 양산하기 때문이었다. 그런데 그러한 신분 질서가 해체된 이후 공화파 세력들은 또 다른 이유로 인해 왼쪽과 오른쪽으로 갈라져 싸우게 된다. 왜 그랬을까? 그것은 새로운 공화주의 질서에 대한 양 세력 간의 이질적인 이해 방식에 기인한다. 왼쪽에 있던 자코뱅 세력은 새로운 사회 질서는 부르주아 세력(유산자)이든 인민 세력(무산자)이든 모든 사회 구성원들이 골고루 정치적·사회적·경제적 가치를 제공받는 평등의 사회가 되어야 한다고 믿었던 반면, 오른쪽에 있던 지롱드 세력은 그러한 무조건적인 평등, 다시 말하면 '결과의 평등'은 정당하지 않다고 생각하면서 모든 사람들이 자신이 원하는 가치에 접근할 수 있도록 하는, 말하자면 '기회의 평등'이 옳다고 생각했다.

자, 이러한 역사적 구분이 현대 서구사회의 좌파와 우파를 이해하는 데 어떠한 유용성을 가질까? 현대 서구에서 사회주의,

공산주의로 대표되는 좌파는 기회와 결과의 차원 모두에서 최대한의 평등을 실현하고자 하는 세력으로 이해되고 있고, 자유주의로 대표되는 우파는 결과보다는 기회의 평등을 지지하는 세력으로 이해된다. 이러한 가치 지향의 차이는 국가(정치)의 역할과 사회·경제 정책의 방향을 둘러싼 입장 차이로 명확하게 드러난다. 서구의 좌파는 사회적 가치들이 시장을 통해서만 교환되는 것에 반대한다. 시장은 겉으로 볼 때 모든 사람들에게 동등한 기회를 제공하는 것 같지만, 부유한 사람과 빈곤한 사람으로 나뉘어 있는 사회적 현실을 고려할 때 그러한 기회는 사실상 동등하지 않다. 궁극적으로 시장은 사회적 불평등을 지속시키는 장치가 될 수 있는 것이다.

그렇다면 어떻게 해야 할 것인가? 좌파는 외적 강제력을 갖는 국가를 통해 기회의 불평등과 결과의 불평등을 교정할 필요가 있다고 주장한다. 국가의 이러한 개입은 구체적으로 복지 정책으로 표현된다. 또한 그들은 경제적 차이와 무관하게 혜택을 받아야 하는 부문, 예컨대 음료, 전기, 통신, 교통 서비스의 경우에는 시장의 원리를 따르는 민간 기업이 아니라 국가가 운영하는 국유 기업 또는 공공기관이 운영하는 공기업이 담당해야 한다고 주장한다. 좌파의 이러한 정책적 시각은 결국 국가에 의한 강력한 복지 정책, 국유 또는 공기업의 확대, 평등을 지향하는 사회 정책 등으로 요약된다. 이와는 달리 우파는 가능하면 국가의 개입을 줄이고 시장의 원리를 따라 사회적 가치들이 교환되고 분배되어야 한다고 주장한다. 우파는 시장은 이미 기회의 평등을 제공하는 제도이고 그 속에서 발생한 불평등을 국가가 인위적으로 개입해 교정하려는 것은 정당하지 않다는 시각을 드러낸다.
따라서 그들은 국가의 주도로 강력한 복지 정책을 통해 결과의
불평등을 제거하려는 노력 역시 합리적이지 않으며, 가능하면
모든 사회적 가치가 시장의 원리를 따르는 민간 기업에 의해 분
배되도록 해야 한다는 입장을 개진하고 있는 것이다.

지금까지 우리는 기든스의 제3의 길을 이해하기 위한 예비적
고찰로서 서구에서 등장한 좌파와 우파의 역사적 기원과 그것의
현대적 의미를 살펴보았다. 이제 우리는 다음과 같이 물어야 하
겠다. 기든스는 왜 좌파와 우파를 넘어서야 한다고 역설하고 있
는가? 그렇다면 오랫동안 서구의 정치를 지배했던 좌파와 우파
의 대립 구도가 어떤 점에서 문제가 있는 것일까? 기든스가 생
각할 때 좌우의 대립 구도는 프랑스 혁명 이후 수립된 단순 근대
성의 사회가 만들어낸 정치적 산물인바, 그때와는 전혀 다른 모
습으로 형성되고 있는 성찰적 근대성의 사회와는 양립할 수 없
다. 좌파와 우파는 구체적인 사회 정책의 방향에서는 서로 다르
지만 그럼에도 불구하고 그 둘은 단순 근대성의 사회가 내재하
고 있던 국민국가, 국가 이익, 전문가 체제, 힘의 정치, 이분법적
사고, 물질적 풍요, 경제적 가치의 우월성 등의 원리를 공유하고
있었다. 하지만 지금의 세계에서는 국가 간 협력, 초국가적 이해
관계, 다면적 사고, 생태, 환경, 개인주의, 성적 평등, 삶의 질,
정신적 가치가 본질적인 원리로 작용하고 있다. 상황이 그렇다
면 이제 좌파와 우파의 이분법적 대립 구도는 마땅히 폐기되어
야 한다.

이러한 근본적인 비판의 논리 아래에서 그는 좌파와 우파의

문제를 분석한다. 먼저, 현재 서구의 우파를 대변하고 있는 신자유주의 세력들은 스스로 내적 모순 속에 갇혀 있음을 역설하고 있다. 그들은 한쪽 발을 시장 속에, 그리고 다른 한쪽의 발을 전통 속에 담그고 있는 형국이다. 그들은 시장이라는 근대성의 원리를 보편적으로 밀고 나가면서 심각한 리스크를 창출하면서도, 그것을 해결할 수 있는 대안적 시각은 제시하지 못하고 세계화 시대에서 이미 소멸되어가고 있는 전통적 가치인 가족, 민족, 국가, 경제적 이익만을 계속 주장하는 실수를 범하고 있는 것이다. 신자유주의를 주도했던 영국의 대처 정부와 레이건 정부는 시장 경제의 원리를 보편적으로 확대하고자 하면서 환경 위기 같은 부정적 결과는 외면한 채, 내부적으로 가족적 가치와 국가 이익에 안주했다는 비판을 받는다.

> 대처는 녹색자본주의^{green capitalism}의 방향에 수긍했으나 평상시에는 일종의 적의를 드러냈다. 생태적 리스크는 과장되거나 존재하지 않으며 멸망론으로 재미 보는 장사치들의 발명이라고까지 일컬어왔다. 현실적으로 나타나는 증거는 오히려 예전보다 큰 보편적인 번영의 시대를 가리키고 있다는 것이다. 이것은 경제 발전의 어떠한 한계도 거의 고려하지 않는 단선적인 근대화관이다. …… 신자유주의자들은 국지적인 관여에 지침이 되었던 철학을 세계 수준에 적용한다. 세계는 시장이 거의 또는 전혀 간섭받지 않고 작동하도록 내버려둔다면 가장 잘 움직여나간다는 것이다. 그러나 전통적 민족의 수호자로서 신자유주의자들은 국제 관계에 대한 현실주의 이론을 채택한다. 세계사회

는 아직 국민국가의 사회이고 국민국가의 세계에서는 국력이 중시된다. 전쟁을 위한 준비와 군사력 유지는 국제체제에서 국가 역할의 필수적 요소다.

그런데 기든스 비판의 무게중심은 어떠한 희망의 메시지도 없는 신자유주의 우파가 아니라 서구의 좌파를 대표하는 사회민주주의 세력에 놓여 있다. 기든스의 저서 《제3의 길》의 부제가 '사회민주주의의 부활'인 것은 결코 우연이 아니다.

우리는 여기서 사회주의와 사회민주주의를 구분해야 하는데, 원래 서구의 사회주의는 자본주의의 모순과 불평등을 해결하기 위한 길로 '혁명'을 소망했다. 그런데 이후 혁명의 가능성이 미약해지는 상황 속에서 서구의 사회주의는 자본주의 체제를 인정하고 그 속에서 점진적인 사회주의 실현을 모색하는 방향으로 나아갔다. 그들은 자본주의 체제 속의 의회로 들어가서 국가 권력을 장악함으로써 법률적·정책적인 도구를 통해 사회주의 제도를 서서히 구현하는 것이 현실적으로 옳다고 생각했다. 우리는 혁명을 주창했던 사회주의를 '혁명 사회주의'로, 체제 내부로부터의 사회주의 개혁을 도모하는 사회주의를 '사회민주주의'로 부른다. 현재 서구의 사회주의 정당들은 사회민주주의 노선을 계승하는 세력들로서 이들은 의회와 행정부 속에서 강력한 복지정책을 추진해왔다.

기든스는 사회민주주의의 복지 정책을 신랄하게 비판한다. 그가 특히 복지 정책을 들어 사회민주주의를 비판하는 이유는 그들이 바람직한 사회의 궁극적인 척도를 복지에서 찾고 있기 때문이다. 하지만 기든스는 서구 복지의 역사에 비춰볼 때 그것은 사회민주주의가 독점할 가치가 아니며, 오히려 사회주의자들은 복지에 대해 부정적인 견해를 피력하고 있었음을 강조한다. 그는 서구에서 복지 제도가 정착되고 적절하게 운영되었던 시기는 2차 세계대전 이전이며, 그때는 좌파가 아니라 우파가 집권한 시기였음을 상기한다. 사실이 그렇다면 서구사회의 복지를 좌파, 특히 사회민주주의의 이념적·정책적 독점물로 생각할 수 없게 된다.

또한 기든스는 과연 서구의 복지 제도가 빈곤층을 경감시켰는가를 묻고 있다. 만약에 그렇지 않다면 사회적 위험으로부터 국민들, 특히 빈곤층들을 보호하기 위한 장치로서 복지 제도에 대한 근본적 의문을 제기하지 않을 수 없다. 이러한 문제에서 기든스는 복지에 대한 좌파와 우파의 논쟁을 끌어들이고 있다. 좌파는 한 국가의 빈곤층이 발생하는 이유가 그들에 대한 복지 제도가 충분히 작동하고 있지 못하기 때문이라고 주장하지만 우파에 따르면 그것은 오히려 복지 제도의 결과물이다. 왜냐하면 그들은 복지의 혜택에 안주하면서 자신의 위치에서 벗어나기 위한 적극적 노력을 하지 않기 때문이다. 우파는 오히려 복지의 실질적 혜택은 부유층이나 중산층에게 돌아가게 된다고 주장한다.

기든스는 이러한 두 가지 상반된 견해 중에서 전적으로 어느 한쪽 편을 들지는 않지만 빈곤의 지속이 복지 의존성과 관련이 있다는 우파의 논리를 지지하고 있다. 물론 그는 그렇다고 해서 우파가 주장하는 대로 복지를 없앨 수는 없으며 지금과는 다른 형태의 복지 제도를 마련해야 할 것임을 강조하고 있다. 나아가,

그는 현재의 복지 제도는 근본적으로 단순 근대성의 사회적 논리를 바탕으로 하는 것이고 또 그러한 논리를 계속 양산하고 있기 때문에 근대성의 지구화에 따른 성찰적 근대성의 시대에는 부합하지 않는다고 주장한다. 좀 더 자세히 논의해보자.

기든스에 따르면 첫째, 복지제도의 최종 목적은 빈곤한 계층들의 보호를 넘어 국가경제를 활성화하기 위한 노동력을 더 많이 확보한다는 데 있었다. 그런데 그러한 관점은 남성이 경제를 담당하고 여성이 가사를 맡는 전통적인 가족을 전제로 한다. 말하자면 그때 말하는 노동력이란 '남성' 노동력을 의미하는 것이다. 따라서 복지를 통한 더 많은 노동력의 확보는 결국 가부장적 가족 제도의 재생산과 밀접한 연관을 갖는다. 둘째, 복지는 언제나 국민국가의 틀 속에서 운영되었으며 그것은 궁극적으로 국민국가의 통합을 강화하기 위한 장치였다. 2차 세계대전이 종결된 이후 서구의 복지 제도가 한층 더 광범위하고 보편적인 형태를 띠게 된 것은 결코 우연이 아니다. 그렇기 때문에 사회적 위험에 대비하기 위한 도구로서 복지 제도는 언제나 정부의 책임 아래에서 다른 어떤 정책보다 더 큰 비중을 가지고 운영되었다.

복지 제도의 이러한 특성이 의미하는 바는 궁극적으로 그 제도는 단순 근대성이 포괄하고 있는 가치와 원리를 기반으로 하고 있다는 점이다. 우리는 앞에서 국민국가, 국익, 물질적 풍요, 생산 증대 등 단순 근대성의 가치들에 대해서 이야기했다. 여기에 우리는 성별 노동 분업의 원리를 따르는 가부장적 가족 제도를 추가할 수 있겠다.

기든스의 지금까지의 논의는 결국, 현재 서구 국가가 운영하고 있는 복지 제도는 사회민주주의의 독점적 원리일 수 없고, 복지가 역효과를 유발하고 있으며, 구시대적인 원리에 바탕하고 있기 때문에 개혁되어야 한다는 주장으로 요약할 수 있다. 그렇다면 어떤 방향으로 개혁되어야 할까? 성찰적 근대성의 사회에 부합하는 복지의 원리는 무엇일까? 그는 이에 대한 해답을 '적극적 복지' 개념에서 찾는다. 적극적 복지란 무엇일까?

예를 들어보자. 각 국가는 암이라는 질병으로부터 국민들을 보호하기 위해 의료보험 제도를 운영하고 있다. 그런데 가만히 보면 이 제도는 암이 발생할 것이라는 사실을 전제로 운영되는 것이다. 보다 근본적인 차원에서 국민건강을 생각하자면 암에 대한 적절한 대응책이 아니라 그것을 사전적으로 예방할 수 있는 방법을 모색해야 한다. 예컨대, 암을 발생시키는 원인 요소들을 근원적으로 없애는 방법이 필요한 것이다. 기존의 복지가 암이 발생한 이후 그것을 해결하기 위한 대책을 제공하는 수동적 복지라면, 적극적 복지는 암의 근본 원인을 제거해주는 능동적 복지다. 즉 예방적 복지인 것이다.

이러한 능동적 복지는 예컨대, 실업자에게 생계를 위한 물질적 수단을 제공하는 단계를 벗어나 그들이 보다 적극적이고 자율적으로 상황에 대처하고 이겨낼 수 있도록 독려하는 방식을 취한다. 그들이 스스로를 성찰할 수 있도록, 적극적인 삶의 의미를 되찾도록, 이웃과 활발하게 의사소통할 수 있도록 하는 교육이 필요하다. 수동적 복지를 통해 실업자에게 실업수당을, 퇴직한 노인들에게 연금수당을 지급하는 일은 역설적으로 그들의 물질적 조건이 그 수준에 고착되는 결과를 만들어낼 뿐이다. 적극적 복지는 그러한 정책적 전제를 거부한다. 그들은 노동 시장으로부터 영구히 떠나버린 사람들이라는 전제 아래 도움을 주는 복지가 아니라 언제라도 노동 시장으로 다시 들어갈 수 있는 사람들이라는 인식 아래, 그들이 자립할 수 있게 하기 위해 장기적인 관점에서 노력하는 복지다. 행복에 대해 기든스가 인용하고 있는 아래 이야기는 능동적 복지에 대한 기든스의 믿음을 명확하게 드러내준다.

행복은 '운이 좋거나 우연한 기회의 산물'이 아니다. 행복은 '외적 사건에 의해서가 아니라 우리가 그것을 어떻게 해석하느냐에 달려 있다.' 행복은 '준비하고 배양해야 하는 조건이다. 그것은 외부 세계보다는 내적 세계의 통제에 의거한다.' 내적 경험의 통제 방식을 배운 사람은 삶의 질을 결정할 수 있을 것이고 이것이 우리가 행복해질 수 있는 지름길이다.

기든스는 이러한 복지가 운영되는 국가를 복지국가^{welfare state} 와 대비되는 개념으로서 '사회투자국가^{social investment state}'로 명명한다. 이 국가는 물질적 지원보다는 인적 자본에 대한 투자를 더 중요하게 고려하는 국가다.

한편, 기든스의 전망을 비판하는 사람들은 '능동적 복지는 장기적인 결과를 고려하고 있는데, 장기적인 복지를 운영하기 위해서는 더 많은 비용이 필요하지 않을까? 과연 국가가 그러한 재정적 부담을 이겨낼 수 있을까?' 하는 문제를 제기한다. 이에 대해 기든스는 능동적 복지는 국가만이 담당해야 할 과업이 아니며,

그 비용 역시 국가만이 부담해야 하는 것이 아니라고 답한다.

기든스는 능동적 복지를 운영하는 데는 국가가 필요하지만 국가만으로는 충분하지 않고 시민단체들과의 협력이 필요하다고 주장한다. 그러한 협력을 달성하기 위해서는 무엇보다 국가가 민주적인 방향으로 새롭게 개혁되어야 한다. 국가의 민주화를 위해서는 첫째, 권력의 분권화, 즉 중앙에 집중된 권력을 지방정부에게로 이양하는 조치가 따라야 한다. 둘째, 국가의 불투명하고 폐쇄적인 의사결정 방식을 투명하고 개방적인 방식으로 바꾸어야 한다. 셋째, 비효율적인 관료적 국가 조직체계를 근본적으로 바꾸어 효율성을 도모해야 한다. 넷째, 국가의 정책결정 과정에 대한 시민들의 참여를 촉진시키는 방향의 개혁이 이루어져야 한다. 다섯째, 근대성의 지구촌화에 따라 초래되는 새로운 위험들을 관리할 수 있는 능력을 극대화해야 한다. 여섯째, 세계주의적인 국가 비전을 구축해야 한다. 이러한 국가는 복지의 확장을 반대하는 우파들이 소망하는 최소한의 국가도 아니고, 복지의 확장을 지지하는 좌파가 바라는 최대한의 국가도 아니라는 점에서 대안적 의미를 갖는다.

이러한 국가의 민주화와 더불어, 국가 내 자발적인 사회 단체들(시민사회)이 자율적이고 활기차게 움직여야 한다는 점을 중요하게 고려해야 한다. 그리하여 국가에 종속된 미약한 시민사회가 아니라 국가의 동반자로서 국가의 정책결정 과정에 적극적으로 참여하도록 해야 한다. 또한, 구성원들 간에 평등한 관계와 상호권리와 상호책임이 형성되는 민주적인 가족을 활성화해야할 필요가 있는데, 그러한 가족은 활기차고 자율적인 시민사회와 민주적 국가의 기반이 된다.

한편, 능동적 복지를 실현하기 위해서는 '신혼합경제^{new mixed}

economy'라는 새로운 경제 형태를 도입해야 한다. 이것은 경제의 주도권이 시장보다는 정부에 속해 있으며, 민간 기업보다는 공기업의 비중이 높은 구혼합경제와는 달리, 시장과 정부 그리고 민간 기업과 공기업이 적절한 균형을 유지하면서 공익과 시장경제가 모두 활성화되는 경제체제다. 그러한 경제체제 아래에서의 정부와 민간 기업 간의 협력을 통해 능동적 복지를 위한 경비 문제를 해결하게 될 것이다.

기든스는 자신이 책임 편집한《전 지구적 제3의 길 논쟁^{The Global}
^{Third Way Debate}》(2001) 서문에서 제3의 길의 정치가 지향하는 원리와 가치들을 제시했다. 첫째, 국가와 정부의 개혁이 필요하다. 기든스는 큰 국가를 통해 사회적 평등을 추진해야 한다는 전통적 좌파 노선을 비판하면서 국가와 정부의 능동적 역할에 대한 재발견이 필요하다고 역설했다. 그는 그와 같은 개혁 노선은 거대한 관료제 국가에 대한 비판이지 공공제도의 축소를 의미하는 것은 아니라고 주장했다. 둘째, 국가가 시장과 시민사회를 압도해서는 안 된다. 기든스는 강한 국가와 큰 국가의 구별에 초점을 맞추면서 사회발전과 정의의 증진에 충분할 만큼만 국가의 역할을 수용해야 한다고 말했다. 셋째, 권리와 책임이 연계되는 사회협약이 필요하다. 그 개혁은, 복지의 권리를 주장하면서도 그에 따른 책임을 외면하게 되면서 복지국가의 도덕적 해이가 발생되었다는 문제의식에 연결된 것이다. 넷째, 제3의 길은 핵심적 목표로 평등사회의 건설을 설정하고 있다. 이로써 기든스는 제3의 길

이 사회민주주의 정치노선과 그 이념적 지평을 같이 한다는 점을 명백히 하려 한다. 다섯째, 완전고용을 실현하는 능동적인 경제정책을 추진해야 하며 그 과정에서 정부는 기술혁신과 투자를 촉진하는 효율적인 정책을 실천해야 한다. 여섯째, 평등을 위한 사회경제정책과 관련해 새로운 이해가 필요하다. 전통적인 좌파 노선인 재분배정책을 비판적으로 검토해야 하는데 즉, 세수 증대가 언제나 사회적 평등 실현을 위한 최선의 해법은 아니라는 점을 인정해야 한다는 말이다. 일곱째, 앞서 언급한 것처럼 복지국가의 개혁이 중요한데, 전통적인 가족제도의 급속한 변화에 주목하고 그에 조응하는 복지제도의 구상이 필요하다는 것이다. 여덟째, 사회적 문제에 대한 새로운 관점과 대응책을 만들어야 한다. 예컨대, 범죄의 경우 전통적으로 좌파는 빈곤과 불평등을 범죄 발생의 원인으로 간주하면서 빈곤과 불평등의 감소로 범죄 문제를 해결하고자 했지만 사실상 범죄는 다층적인 상황과 원인에 연결되어 있다는 사실을 인식해야 한다고 기든스는 강조했다.

기든스가 그리고 있는 이러한 새로운 사회모델 속에서는 이른바 '삶의 정치 life politics' 또는 '생활 정치'가 그 모습을 보일 것이다. 삶의 정치란 무엇인가? 그것은 '해방의 정치'에 대비되는 개념으로서 해방의 정치가 생산력 증대를 통해 물질적 풍요를 실현함으로써 행복을 꿈꾸는 정치라면, 삶의 정치는 물질적 관심을 넘어, 정신적 가치의 고양을 통해 행복을 추구하는 정치라고 할 수 있다. 삶의 정치에서는 물질적 조건이 아니라 정신적 조건이 행복을 구현하는 기초가 된다. 삶의 정치 속에서는 자아성찰, 자아실현, 교류, 의사소통 등 질적인 삶의 가치가 중요하게 고려될 것이다. 이러한 삶의 정치는 근대성의 세계화로 나타나는 우리 시대의 리스크들을 해결하기 위한 적절한 통로가 될 수 있다.

우리는 고전적 좌파의 해방의 정치에다가 내가 다른 곳에서 삶의 정치라고 부른 것을 덧붙여야 한다. 이 용어는 좋을 수도 있고, 그렇지 않을 수도 있다. 그 용어를 씀으로써 내가 의미하려는 바는, 해방의 정치가 삶의 기회와 관련이 있다면 삶의 정치란 삶의 결정과 관련 있다는 것이다. 그것은 선택, 정체성, 그리고 상호성의 정치다. 우리는 어떻게 지구 온난화 가설에 대응해야 하는가? 우리는 원자력을 받아들여야 하는가, 말아야 하는가? 노동은 얼마나 삶의 중심 가치로 남아 있어야 하는가? 우리는 권력의 지방 이양을 찬성해야 하는가? 유럽연합의 장래는 어떠해야 하는가? 이들 중 어느 것도 명확한 좌우파의 쟁점이 아니다.

기든스는 자신의 제3의 길 프로젝트를 '유토피아적 현실주의 utopian realism'로 명명하고 있다. 그 프로젝트가 유토피아인 이유는 그 속에는 새롭고 독창적인 전망이 있기 때문이며, 현실주의인 이유는 지금의 사회적 현실에 근거하고 있기 때문이다. 부르디외가 '맞불'로 불리는 세계화 저항 전략을 실천하기 위해 거리로 나섰다면, 기든스는 유토피아적 현실주의로서 '제3의 길'이라는 세계화 적응 전략을 실천하기 위해 노동당 정부의 정책 고문으로서의 활동을 주저하지 않았던 것이다.

부르디외와 기든스는 명백히 상반되는 자신만의 세계화 시각을 구축했고 또 그것을 대중들에게 보여주고 있다. 책 속에서만이 아니라 정치·사회적 무대에서 자신들의 시각을 제시하면서 그 정당성을 스스로 검증받고자 한다.

누구의 시각이 정당하다고 생각하는가? 누구를 통해 세계화의 진실에 더 가까이 접근할 수 있겠는가? 이렇게 다른 가치를 가진 '두 얼굴'의 세계화를 우리에게 제시하고 있지만, 그럼에도 불구하고 그들은 공통적으로 세계화는 엄청난 힘을 지닌 현상임을 역설하고 있다. 이는 맞불을 질러야 할 만큼, 또는 우리가 호흡하는 환경 자체가 될 만큼 강력한 현상이다. 만약 그것이 사실이라면, 그리고 우리가 '진호'와 '은혜'처럼 일상적 환경을 통해 세계화 현상을 목도하고 있다면 우리 역시 그들과 함께 세계화를 논하는 자리 속으로 들어가야 하지 않을까?

Chapter 3

Pierre Bourdieu

🎙 대화

T A L K I N G

Anthony Giddens

대화 시위현장에서 만난
부르디외와 기든스

　지난 2006년 2월 초부터 4월 중순에 이르기까지 프랑스 전국은 학생과 노동자가 주도하는 대규모 시위와 파업의 소용돌이 속으로 빨려 들어갔다. 이는 시라크 정권의 도미니크 드 빌팽Dominique de Villepin, 1953~ 총리가 구상한 '최초고용계약제CPE, contrat première embauche' 때문이었다. CPE는 26세 미만의 청년 취업자에 대해 고용 후 2년간 조건 없이 해고할 수 있다는 규정을 핵심 내용으로 하고 있다. CPE가 헌법의 원리에 위배되지 않는다는 헌법위원회의 결정에도 불구하고 학생과 노동자들은 그 제도는 불안정한 취업과 근로 환경을 영속화시키는 것이라는 이유로 시라크 대통령에게 법안의 철회를 요구하는 대규모 저항 운동을 전개했다. 2006년 4월 10일 시라크 대통령이 CPE를 철회하고 대체 법안을 마련할 것이라는 결정을 내리기까지 저항 운동은 거의 10주간 지속되었다.

이 법안이 철회되었을 때 프랑스 좌파와 우파들은 각각 다른 입장을 피력했다. 좌파는 쉽게 고용하고 쉽게 해고할 수 있는 제도적 장치인 CPE는 불안정한 취업 환경을 양산하기 때문에 폐기되어야 마땅하다는 입장을 드러낸 반면, 우파는 그 법안은 무한경쟁의 세계화 시대에 프랑스 기업의 경쟁력을 확보할 수 있는 길일 뿐만 아니라, 적지 않은 일자리를 창출함으로써 프랑스 청년 실업자의 문제를 실질적으로 해결할 수 있는 제도였음을 강조했다. 누가 옳은가? 여기서 우리는 부르디외와 기든스의 가상 대화를 통해 그 문제에 접근해보고자 한다. 자, 이제 시위가 열리고 있는 파리의 한 거리에서 만난 부르디외와 기든스의 이야기에 귀 기울여보자.

|부르디외| 안녕하신가요, 기든스 선생. 그동안 어떻게 지내셨나요? 블레어 총리도 잘 지내시죠? 그런데 얼마 전 신문을 보니 노동당 정부가 지방선거에서 크게 패배했던데, 심기가 편치 않으시겠군요. 아, 그리고 베네수엘라의 차베스Hugo Chavez, 1953~2013 대통령이 영국을 방문했을 때, 블레어 총리를 만나지 않았더군요. 모양이 좋지 않아요. 블레어 총리가 차베스 대통령을 향해 외교적 관행을 지키라면서 불만을 표시했더군요. 참, 차베스 대통령도 대단한 독설가예요. 블레어 보고 '히틀러(부시 미국 대통령)의 협력자'라고 했다던데요.

|기든스| 아이고, 오랜만에 만났는데, 만나자마자 불편한 얘기부터 꺼내시는 겁니까. 하지만 뭐, 프랑스도 마찬가지인 것 같네

요. 온 나라가 웬 난리입니까? 데모한다고 사태가 해결됩니까? 좀 차분히 생각하면서 문제를 풀어나가야 할 텐데. 프랑스 사람들은 너무 다혈질 이에요. 문제만 터지면 거리로 뛰쳐나오니. 어째, 점잖은 부르디외 선생까지 나와 계신 게 보기 좋지 않습니다. 참, 선생께서 지난 1995년부터 거리에 나와 시위 현장을 쫓아다니셨다는 사실을 깜빡했습니다. 하여튼 선생의 에너지는 참으로 놀랍군요.

|부르디외| 이제 나이도 많이 먹었고, 몸도 안 좋아요. 내가 힘이 남아돌아서 여기 나온 게 아닌 줄은 기든스 선생도 잘 아실 거예요. 시라크 정권이 지금 추진하고 있는 최초고용계약제는 분명 잘못된 겁니다. 겉으로는 청년들에게 더 많은 일자리를 제공하기 위해 만든 것이라고 하지만 사실은 기업들이 더 큰 혜택을 보게 될 제도인 거죠. 언제 해고당할지도 모른다는 불안감을 2년 동안 느껴야 하는 게 어떨지 생각해봅시다. 그게 과연 진정한 일자리인가요? 불안감 때문에 열심히 일할 수 없을 거예요. 일을 마치고 집에 와서도 마음이 편치 않겠지요.

|기든스| 아니, 열심히 일하면 되지 않습니까? 그럼, 2년 뒤에는 안정적인 직장이 보장될 것 아닙니까? 해고되고 안 되고는 개인의 능력에 달린 문제인데, 기업과 제도 탓만 하시면 안 되죠. 어쨌든 기업과의 최초고용계약을 통해 실업자의 위치를 벗어날 수 있는 것 아닙니까? 불안정한 직장이라도 실업보다는 낫지 않겠어요? 2년 동안은 조금 힘들겠지만, 그 이후 안정적인 자리에 앉

프랑스 최초고용계약제(CPE) 관련 일지

연도	사건
2006년 1월 16일	빌팽 총리, 최초고용계약제(CPE) 포함된 새 고용법 계획 발표
1월 19일	10여 개 청년·학생 대표 그룹 CPE 철회 요구
2월 10일	정부, 하원에서 새 고용법 채택 강행
3월 1일	프랑스 상원 CPE 승인, 13개 대학 휴업 돌입
3월 7일	학생들과 노조 40~100만 명 프랑스 전역서 시위
3월 9일	의회, 새 고용법 최종 채택
3월 14일	사회당, 헌법위원회에 고용법 합헌 여부 제소
3월 18일	전국에서 CPE에 반대하는 150만 명 시위
3월 30일	헌법위원회 CPE 합헌 판정, 학생들 전국 주요 도시의 철도·도로 봉쇄 시위
4월 4일	학생 노동계, 수백만 명 대규모 시위
4월 10일·	시라크 대통령, CPE 철회, 대체 법안 약속
4월 13~14일	대체 법안 하원·상원 통과

을 걸 그려보면서 열심히 일하면 되리라고 생각해요. 참, 그리고 시위대의 요구를 수용해 그 기간을 줄이겠다고 정부가 결정했던 데, 도대체 뭐가 불만입니까?

|부르디외| 상황이 그렇게 간단치가 않아요. 열심히 일한다고 2년 후에 안정된 직장을 얻는다는 보장이 있습니까? 칼자루는 기업의 결정권자가 쥐고 있지 않습니까. 열심히 하면 된다고 약속해 놓고 2년 동안 일 시킨 다음에 해고하면 그 결과는 어떻게 되나요? 기업은 이익을 얻게 되겠지만, 해고된 청년은 다시 또 2년

동안 불안정한 직장생활을 반복해야 될 게 뻔하지 않나요? 지금의 최초고용계약의 본질은 기업의 이익이 보장된다는 겁니다. 그런데 정부는 CPE가 청년들에게 일자리를 더 많이 제공할 거라는 감언이설로 현혹하고 있어요.

|기든스| 참 답답하십니다. 아니 그럼, 그들이 안정적인 직장을 얻을 때까지 실업수당이나 받고 앉아 있어야 되겠습니까? 제가 이미 말씀드린 바 있지 않습니까? 현재의 복지체계는 문제가 있어요. 실업자나 빈곤층이 능동적으로 자신의 새로운 삶을 개척하도록 이끌기보다는 계속 그러한 위치에 머물게 하죠. 이제는 국가가 단순히 재정적 지원을 하는 식의 복지 개념은 바뀌어야 합니다. 저는 오히려 최초고용계약을 통해 프랑스가 능동적 복지를 실현시킬 수 있으리라 봅니다.

|부르디외| 어떻게 쉽게 고용하고 쉽게 해고하는 방식이 복지에 기여한다고 생각하나요? 저는 도저히 이해가 가지 않는군요. 선생은 지금 기업들이 정부를 향해 요구하고 있는 유연한 고용의 논리에 동조하는 것 같군요. 기업들은 유연한 고용을 말하면서 진실을 숨기고 있어요. 그들은 쉽게 해고한다는 말은 하지 않고 쉽게 고용한다는 말만 합니다. 유연한 고용을 통해 일자리가 창출된다는 얘기만을 합니다. 지금의 프랑스 정부와 기업의 논리가 바로 그것입니다. 일자리가 만들어지는데 왜 불만이냐고 하죠. 실업보다는 낫다고 하지 않습니까? 어떤 경제학자는 이렇게 말하더군요. "편견을 갖는 것을 피해야 한다. 불안정한 일자리를

만든다고 단순히 나쁘다고 할 수는 없다. 현재 불안정한 일자리라도 안정적인 일자리로 바꿔갈 수 있다." 이러한 논리에는 몇 가지 문제가 있어요. 과연 현재 프랑스 기업이 안정적인 일자리 창출을 하지 못할 만큼 어려운 상태인가? 불안정한 고용을 통해 기업이 얻게 되는 이익에 대해서는 왜 말하지 않는가? 불안정 고용과 해고의 악순환으로 인해 숙련 노동자가 될 기회의 박탈 가능성에 대해서는 왜 언급하지 않는가? 저는 이러한 문제를 묻고 싶군요.

|기든스| 너무 한쪽으로만 생각하시면 곤란합니다. 이제 우리는 이것 아니면 저것이라는 흑백논리식 사고방식에서 벗어나야 합니다. 모든 현상은 부정적인 요소만 있는 것도 아니고 긍정적인 요소만 있는 것도 아닙니다. 그 둘 모두를 가지고 있다고 해야겠지요. 기업의 이익만을 보장하는 제도라는 선생의 얘기는 문제의 한 면만 보고 내리는 주장 같군요. 기업을 통해 국가의 전체적인 부가 늘어나면 그 사회 전체의 복지 수준도 올라간다는 사실을 아셔야지요. 이제 모든 것을 국가가 결정하던 시대는 끝났어요. 기업의 사회적 역할이 지난 어느 시대보다 더 커졌지요. 그렇기 때문에 기업의 안정적 운영 역시 매우 중요한 문제라고 생각합니다. 덴마크 등에서 운영하고 있는 '유연 안정성flexicurity' 시스템을 예로 들어볼까요. 그 제도는 선생께서 문제가 있다고 하시는 유연한 고용을 하나의 원리로 하고 있지요. 쉽게 고용하고 쉽게 해고할 수 있지만 국가가 그 이후의 문제를 책임집니다. 예컨대, 재취업을 위한 교육을 제공한다는 거지요. 그리고 그러

한 재원의 상당부분은 기업이 제공할 것이고요. 이러한 원리를 통해 그동안 덴마크가 실업률을 상당히 감소시킬 수 있었음은 선생께서도 알고 계시겠지요. 기업의 활성화는 사회복지를 위해 크게 기여할 수 있습니다.

|부르디외| 글쎄요, 저는 기든스 선생이 뭔가 잘못 알고 계신 게 아닌가 싶습니다. 10년 전, 프랑스와 덴마크의 실업률이 비슷했는데 그때도 덴마크는 지금과 유사한 고용 원리를 운영하고 있었어요. 그렇게 보면 덴마크식의 유연 안정성 원리가 실업률을 감소시킨다고 일반화할 수는 없겠지요. 제 진심을 말해볼까요? 선생의 책들을 읽으면서 생각한 것이기도 하지요. 선생의 논리는 매우 합리적으로 들리지만 사실은 신자유주의를 외치는 나라와 기업의 논리를 지지해준다는 인상을 지울 수 없습니다. 물론, 저는 선생께서 의도적으로 그런 일을 하는 거라곤 생각지 않습니다. 의도하건 그렇지 않건 그러한 결과가 발생하고 있다는 거지요. 그건 제 생각만은 아닐 겁니다.

|기든스| 분명히 말씀드리지만 저는 신자유주의자들에 반대하고 있습니다. 신자유주의적 경제 논리에는 경쟁과 효율성의 논리만 있을 뿐 복지에 대한 관심이 전혀 없기 때문입니다. 지난 1980년대 신자유주의의 논리를 확산시키는 데 주도적 역할을 한 대처와 레이건의 경제 정책은 문제가 많아요. 하지만 제가 지금 함께 일하고 있는 블레어 정부는 다릅니다. 그들은 기본적으로 사회 민주주의자들로서 좌파입니다. 하지만 그들은 여러 가지 면에서

한계를 가지고 있던 구노동당 좌파들을 넘어 새로운 시대에 부합하는 새로운 좌파를 만들고자 합니다. 그들은 성장과 함께 복지를 추구하고자 하는 사람들입니다. 굳이 제 입장을 이념적으로 밝히라면 저는 신좌파에 속하며 그 신좌파는 우파와 좌파의 한계를 극복하고자 하는 사람들입니다. 그런 면에서 신좌파는 좌우가 아니라 그들의 중간에 속하는 중도좌파라고 할 수 있겠지요. 성장만을 맹목적으로 추구하는 우파도 아니고 분배에 몰두하는 좌파도 아닌, 그 둘 모두를 동시에 추구할 수 있는 세력입니다. 저는 세계화 시대에는 새로운 방향을 추구하는 정치 집단들이 나와야 한다고 생각합니다.

|부르디외| 선생은 자꾸 세계화 시대, 세계화 시대 하는데 도대체 그 세계화란 무엇입니까? 제게는 무슨 만병통치약으로 들리는군요. 왜냐? 선생이 주장하는 모든 논리는 바로 그 세계화 속에서 정당화되고 합리화되니까요. 선생은 언제나 "세계화 시대에는 ○○해야 한다"고 말합니다. 그럼, 선생이 지지하고 있는 최초고용계약제가 불안전한 고용과 해고를 일상화시킨다고 해도 세계화 시대이기 때문에 어쩔 수 없이 받아들여야 하는 겁니까? 한번 진지하게 생각해봐야 합니다. 고용이면 다 같은 고용인가? 좀 과장된 얘기로 100명 중에서 70~80명이 언제라도 해고가 가능한 불안정 고용이라면 그걸 과연 긍정적으로 봐야 할까요? 아마 기업은 얘기하겠지요. 최초고용계약을 통해 엄청난 실업자를 줄였다고. 하지만 그러한 말은 사태의 본질을 감추고 있습니다. 그러니까 우파 학자들이 얘기하듯이 불완전 고용이라도 실업보

다는 낫다는 얘기는 더 이상 하지 말아요. 저는 '과연 그럴까?'라고 의문을 제기하고 싶은 겁니다. 단지 먹고사는 게 중요하다면 괜찮습니다만, 문제는 생활의 질입니다. 우리 인간은 안정된 기반 위에서 자신과 가족의 삶을 꾸려나갈 권리가 있습니다. 행복 추구권이라 해두죠.

|기든스| 제가 무슨 억하심정이 있어 안정적인 고용을 반대하겠습니까? 다만 제가 말씀드리고자 하는 바는 지금은 뭔가 다른 원리가 만들어지고 있는 세상이고 그 세상에서 살아가기 위해서는 과거와는 다른 사고방식을 가져야 한다는 것입니다. 저 역시 선생만큼 삶의 질과 행복의 문제에 관심이 많습니다. 그렇다면 현재 우리가 발을 딛고 있는 세상에서 어떻게 행복을 구현할까요? 저는 물질적 풍요만으로는 안 된다고 생각합니다. 물질적 수준이 조금 부족하더라도 정신적인 수준이 만족될 수 있다면 그것 역시 괜찮은 일입니다. 아니 어쩌면 지금은 물질적으로 풍족한 삶을 살기보다는 자신과 사회 그리고 세계에 대한 적극적인 성찰과 감시를 통해 주체적인 존재로 거듭나는 능력을 키워야 하는 시대입니다. 저는 그런 면에서 지금의 문제를 너무 물질과 경제 중심적인 시각에서만 접근하지는 말자고 주장하는 것이지요. 조금 부족하더라도 뭔가 지금의 상황에서 긍정적인 해결책을 찾으려는 협력과 조정이 있어야 할 것입니다. 그런데 프랑스 사람들은 어찌된 이유인지 자꾸 구시대의 갈등과 싸움의 논리만을 고집하는군요. 선생까지 나오셔서 맞불을 지피라고 하지 않으십니까. 어떤 사람들은 프랑스 사람들이 신자유주의 세계화에 가

장 적극적으로 저항하는 이들이라고 말하지만 저로서는 프랑스 사람들은 오히려 세계화의 시대, 제가 사용한 개념을 사용하자면 성찰적 근대성의 시대에 가장 적응하지 못하는 사람들로 보이는군요. 말이 너무 길어졌습니다. 죄송합니다.

|부르디외| 아니요, 괜찮습니다. 제가 인내심이 많은 사람이란 걸 잊으셨나요? 선생의 주장에 대해 몇 가지 반론을 하도록 하겠습니다. 먼저, 선생의 논리는 그럴듯합니다만, 그 말은 마치 가난한 사람에게 밥은 별로 중요한 게 아니니 조금만 먹고 정신을 계발하는 데 힘쓰라고 말하는 것과 같습니다. 선생은 지금이 탈희소성의 시대라고 말하지만 제가 볼 때에는 그렇지 않습니다. 전 몇 해 전 미국과 프랑스의 빈곤층을 대상으로 인터뷰를 한 적이 있습니다. 물론 저 혼자 한 일은 아니지만요. 세상에는 아직도 기본적인 생존의 조건이 불안한 사람들이 너무나 많아요. 단돈 1달러만 있어도 아프리카의 적지 않은 아이들을 배고프지 않게 할 수 있다고 하지 않습니까? 그런데도 선생은 성찰과 자기감시만 얘기하시겠습니까? 선생이 말한 가치는 어쩌면 물질적 풍요를 누리고 있는 사람들에게는 아주 설득력이 있을 듯합니다. 아마 선생의 말에 가장 공감을 할 사람들은 전 세계의 잘사는 나라의 부유한 사람들일 것입니다. 또한, 그들은 가난한 사람들이 와서 같이 골고루 잘사는 사회를 만들고자 주장할 때 선생의 논리를 이용할 수도 있지요. "지금은 세계화 시대다, 그 시대에는 물질이 중요하지 않다, 그러니까 경제적 평등에 너무 신경 쓰지 말고, 자아실현을 위한 자기성찰에 힘쓰라"고 말할지도 모르지요.

제가 방금 말씀드렸지요. 선생의 논리는 선생이 의도하든 의도하지 않든 부유한 사람들이 자신을 정당화하고 방어하는 논리로 사용할 수 있다고요. 그런데 얼마 전 선생은 영국의 일간지《가디언The Guardian》에서 높은 실업률로 고통받는 프랑스, 이탈리아, 독일 등이 경기 침체를 해결하고 성장으로 나아가려면 영국과 북유럽의 다른 나라들처럼 개혁하고 세계화에 적응해야 한다고 하셨지요. 저는 그 소식을 듣고 아, 이제 기든스 선생이 자신의 입장을 대중들을 향해 명확하게 밝히고 있다고 생각했지요. 저는 여쭙고 싶습니다. 도대체 그 개혁이란 게 무엇입니까? 세계화 시대에 적응한다는 게 무슨 의미입니까? 저, 역시 말이 길어졌군요. 죄송합니다.

|기든스| 별말씀을요. 제 논리를 이해하기 위해서는 어떤 전제가 필요합니다. 그 전제는 세계화는 우리의 바람과는 무관하게 형성되고 있는 거대한 흐름으로서 우리는 그 흐름 속에서 살 수밖에 없다는 것, 그리고 세계화는 긍정적인 요소와 부정적인 요소를 동시에 간직하고 있다는 것입니다. 피할 수 없다면 적응해야지요. 적응하기 위해서는 구시대의 논리로부터 벗어나 개혁해야 합니다. 정치를 개혁하고 경제를 개혁해야 합니다. 개혁의 구체적인 방향에 대해서는 제가 쓴《제3의 길》뒷부분을 참조하셔도 좋습니다. 지금 프랑스 정부는 세계화 시대에 적응하기 위한 적절한 경제 개혁을 하고자 합니다. 저는 최초고용계약제를 그런 관점에서 보고 있습니다. 기업을 활성화하면서 그와 동시에 실업률도 낮출 수 있는 적절한 개혁안을 마련한 것 같군요. 어차피

세계화 시대에는 모든 것이 개방됩니다. 개방은 결국 경쟁을 의미하는 것이 아닙니까? 기업에게는 경쟁력이 필요합니다. 지난 시절에는 기업의 경쟁력을 위해 무조건 노동자의 희생을 강요했지만 지금은 노동자의 희생을 최소화하면서 기업의 경쟁력을 확보하고자 노력하고 있습니다. 그것이 바로 영국과 북유럽 여러 나라들이 추진하는 개혁의 방향이지요. 그런데 프랑스에 와서 그러한 개혁의 의지가 복병을 만났군요. 저는 그게 안타까웠고 그래서 신문에 제 의견을 발표한 것입니다.

|부르디외| 영국의 개혁에도 바쁘실 텐데, 남의 나라 일까지 신경 써주셔서 감사할 따름입니다. 하지만 제가 보기에 선생의 제안은 잘못된 듯합니다. 과연 지금의 세계화는 불가피한 흐름입니까? 그리고 선생께서는 세계화는 긍정적인 부분과 부정적인 부분이 공존한다고 하셨는데 참 그런 말만큼 모호하고 무책임한 말도 없다고 생각합니다. 선생의 입장을 제대로 이해하고 있다면, 아마 통신 세계화는 긍정적인 요소가, 그리고 경제 세계화는 부정적인 요소가 많다고 말씀하시겠지요. 하지만 제 생각은 다릅니다. 진실을 말하자면 경제 세계화가 신속하게 이루어질 수 있었던 본질적 추동력은 통신의 세계화로부터 나왔다고 봐야 하지요. 저 역시 세계화는 필요하다고 생각합니다. 하지만 지금과 같은 세계화는 너무나 문제가 많습니다. 모든 수준에서 평등하지 않는 나라들이 동시에 문을 여는 것이 과연 정당한 것입니까? 그리고 인간의 가장 기본적인 서비스까지 개방을 통한 경쟁의 원리를 따르게 하는 것이 말이 됩니까? 그럼, 가난한 사람들

은 이제 물도 먹지 못하고, 교육도 받지 못하며, 병원도 가지 못하게 되도, 또는 질이 떨어지는 서비스에 만족하라고 하실 겁니까? 우리 프랑스 사람들은 그렇게 배우지 않았습니다. 지금의 프랑스 국가의 전통을 형성하고 유지해온 우리의 선조들은 인간이 자신의 행복을 실현하는 데 기본적으로 필요한 것들에 대해서는 어떠한 차별도 두어서는 안 된다고 가르쳐왔습니다. 저는 그것이 옳다고 믿어왔고, 그렇기 때문에 노동자의 빈곤과 외국인의 차별에 대해 힘이 닿는 대로 저항에 왔다고 자부합니다. 한마디만 더 합시다. 선생께서는 세계화가 긍정과 부정의 양면성을 동시에 갖는다고 하셨는데, 우리가 알아야 할 점은 긍정과 부정이 산술적으로 일대일의 비중을 갖는 것이 아니라는 점입니다. 선생께서는 원자력 발전소가 긍정적인 부분과 부정적인 부분을 함께 가지고 있다고 단순히 말씀하시지는 않겠지요. 원자력 발전소에 반대하는 이유는 긍정적인 부분이 없기 때문이 아니라 아무리 긍정적인 요소가 많아도 단 하나의 부정적인 요소가 그런 긍정적인 것들을 완전히 무의미하게 만들기 때문에 반대하는 것입니다. 체르노빌 사고가 그것을 잘 말해주지 않나요?

|기든스| 너무 극단적인 시각이십니다. 비유 역시 적절하지 않은 것 같군요. 세계화의 부정적인 측면들은 원자력 발전소의 재앙과 비교할 성질의 것은 아니지요. 선생께서는 공공 서비스를 보편적으로 제공하는 문제를 지적하시는군요. 맞습니다. 매우 중요한 서비스지요. 세계화 시대에 적합한 경제 모델로 제가 제안한 것이 신혼합경제입니다. 그것은 정부와 민간 기업의 유기적

협력을 통해 성장과 공공 서비스의 균등한 분배를 동시에 이루어내는 경제입니다. 저 역시 선생께서 고민하시는 문제들을 심각하게 고민하고 있습니다. 프랑스라 …… 그렇죠, 프랑스는 아주 옛날부터 국가주의Statism로 불리는 독특한 전통을 만들고 유지해왔다는 사실을 저도 잘 압니다. 프랑스는 언제나 강력한 중앙집권적 전통을 지켜왔습니다. 절대왕정기와 나폴레옹 시대의 영향력을 무시할 수 없지요. 그러한 전통이 프랑스 혁명과 결합하면서 지금의 프랑스적 전통이 생겼다는 것 또한 잘 알고 있습니다. 하지만 지금은 한 국가의 특성과 전통을 말할 때가 아닙니다. 모든 것이 개방을 통해 보편화하는 시대입니다. 이제 너무 프랑스적인 것만 고집하지 마시고 보편적인 방향으로 나가시길 바랍니다.

ㅣ부르디외ㅣ 어째, 얘기가 길어질 것 같아요. 우리 장소를 옮깁시다. 저 앞의 카페가 어때요?

ㅣ기든스ㅣ 그럴까요. 선생, 전 프랑스의 카페 분위기를 좋아합니다. 특히, 씩씩한 남자들이 웃으면서 차를 주문받고 나를 때의 모습이 참 활기 있게 느껴집니다. 파리에는 어디를 가나 외국인이 많군요. 차를 나르는 저 친구들 역시 외국인 노동자인 듯합니다. 국제도시라는 말을 들을 만한 거 같습니다. 이러다 보면 세계가 다양성 속에서 하나로 될 날도 멀지 않을 듯합니다.

ㅣ부르디외ㅣ 겉으로 보면 그렇지만 …… 문제는 저 친구들이 파리

라는 국제도시에 잘 적응하고 공평한 대접을 받고 살고 있는지 모른다는 거지요. 그 문제는 나중에 얘기하기로 하고, 자 뭘 드시겠습니까? 전 홍차를 마시겠습니다. 선생께서는?

|기든스| 저 역시 홍차를 좋아합니다. 이런 면에서 우리는 닮았네요.

|부르디외| 그렇군요. 하지만 우리는 태어난 때도 대체로 비슷하고, 또 평범한 가정에서 자라 교육의 중심지로 옮겨갔다는 점에서도 닮았지요. 우리는 둘 다 사회학을 공부하고 있지 않습니까?

|기든스| 재미있네요. 찾아보니 공통점이 많군요. 전, 프랑스를 대표하는 학자이신 선생과 같은 사회학자라는 사실에 매우 만족합니다.

|부르디외| 개인적으로 저도 같은 생각입니다. …… 하지만 저는 선생의 사회학에 많은 문제점을 느끼고 있습니다. 우리 그 얘기를 해야 하지 않을까요? 시간이 괜찮으시다면.

|기든스| 예, 아직 괜찮을 것 같습니다만, 그런데, 혹 유로스타를 탈 수 있는 가르 뒤 노르^{Gare du Nord, 북부역}가 여기서 얼마나 걸릴까요?

|부르디외| 지하철을 타시든, 버스나 택시를 타시든 30분 이상은 걸리지 않을 겁니다. 파리는 생각보다 넓지 않아요. 그런데 오실

때도 유로스타를 타고 오셨나요?

|기든스| 예, 그렇습니다. 파리에 금방 도착하더군요. 타고 오면서 과학기술의 발전으로 세상이 참 좁아지고 있다는 생각을 했습니다. 이게 제가 생각하는 세계화의 한 측면인 듯합니다. 이 열차 덕분으로 프랑스와 영국의 물리적·심리적 관계가 한층 더 밀착되고 있는 것 같기도 하구요.

|부르디외| 글쎄, 겉으로야 그렇지요. 하지만 제 입장에서는 그렇게 간단한 문제 같지 않군요. 어떻게 보면 세계화는 그러한 스펙터클 속에서 자신의 본질을 은폐하고 있는 것 같기 때문입니다.

|기든스| 세계화라는 논쟁적이고 복잡한 개념에 대해서는 나중에 토론하기로 하고 방금 했던 주제를 계속 다루면 어떨까 합니다.

|부르디외| 그러죠. 선생은 사회학이 뭐라 생각하시나요? 도대체 사회학은 왜 필요한 겁니까?

|기든스| 제가 볼 때 사회학은 시대를 고민하는 학문입니다.

|부르디외| 시대를 고민하지 않는 학문이 있나요? 모든 학문은 명시적이든 암묵적이든 다 시대를 고민하지요. 그렇다면 우리는 시대에 대한 고민에서 사회학이 갖는 특성이 무엇인가를 알아야 할 것 같군요.

|기든스| 그렇죠. 제가 볼 때 사회학은 근대와 근대성을 고민하는 학문입니다. 콩트, 마르크스, 뒤르켐, 베버를 필두로 이후의 모든 사회학자들의 공통된 관심은 근대성에 관한 것 아니었습니까? 우리는 이들에 의해 근대와 근대성의 원리가 무엇인지, 그것의 특성과 한계가 무엇인지, 그리고 그 미래는 어떨지 등에 관한 통찰력을 얻었습니다. 제가 볼 때, 지금은 근대성이 새로운 차원으로 진입하는 시대입니다. 왜 그런가 하면, 근대성의 원리가 전 세계적으로 확산되고 있기 때문입니다. 사실상, 제가 말씀드린 고전사회학자들은 지금과 같은 상황을 예측하지는 못했을 겁니다. 그들은 근대를 그렇게 긍정적으로 보지는 않았지만 궁극적으로는 바람직한 사회를 위한 기반이 될 수 있다는 낙관적 견해를 피력했습니다. 하지만 저는 그런 낙관적 견해를 접어둘 필요가 있다고 생각합니다. 지금은 정말 위험한 사회이기 때문입니다. 지난 시대와는 전혀 다른 형태의 위험과 공포가 우리를 가로막고 있기 때문입니다. 사회학은 이제 근대성의 지구촌화를 해결하기 위한 방법을 모색해야 합니다.

|부르디외| 맞는 말씀입니다. 하지만 저는 여기서 몇 가지 문제제기를 하고자 합니다. 그러한 근대성의 지구촌화와 그에 따른 위기는 어떻게 발생했는가? 그 위기의 책임은 누구에게 있는가? 이 문제는 아주 명확하고 구체적인 답이 있어야 합니다. 왜냐하면 정확한 원인과 책임 소재를 인식해야 그에 따른 적절한 해결책이 나올 수 있기 때문입니다. 선생은 지금의 세계화가 서로 독립적인 몇 가지 요인들의 결과라고 이해하고 계시죠. 그렇게 되

면 어느 누구도 세계화에 대한 책임을 질 필요가 없다는 역설적 결과가 발생합니다. 하지만 세계화를 실현시킨 핵심적 힘과 원리는 있습니다. 그것은 미국을 필두로 한 몇몇 강대국의 이익입니다. 그 나라들은 자신들의 이익을 보다 확실하게 보장하는 경제체제를 구축하기를 원했는데 그것을 신자유주의 경제 원리 속에서 발견한 것입니다. 그런데 그것을 전 세계적으로 밀어붙일 수 있었던 것은 사회주의 블록이 해체되었기 때문입니다. 그리고 미국과 선진국 금융 자본가들의 엄청난 이익은 통신 혁명의 덕입니다. 선생이 각각 별개로 바라본 세계화의 요소들은 서로 불가분한 관계 속에 있습니다. 그 세 요소들은 궁극적으로 단 하나의 목적에 봉사하고 있습니다. 사회학은 사람들을 현혹해서는 안 됩니다. 뚜렷한 원인과 책임 소재를 찾아내고 그 진실을 사람들에게 알리는 일을 해야 합니다. 그런 뒤에 명확한 해결책을 제시해야 합니다. 그런 면에서 마르크스 사회학은 여전히 유효하다고 생각합니다.

|기든스| 정말 선생께서는 세계화의 원인과 책임이 미국을 위시한 강대국 및 그 나라들의 금융 자본가들에만 있다고 생각하십니까? 저는 그렇게 생각하지 않습니다. 물론, 그들에게도 책임이 있습니다. 하지만 모든 상황이 그들이 원하는 대로 돌아간 것은 아니지 않습니까? 한국을 포함한 아시아의 신흥 경제대국을 보세요. 오히려 세계화의 덕을 미국이나 다른 나라들보다 더 많이 보고 있지 않습니까?

|부르디외| 어째서 한국이 세계화의 덕을 봤다고 생각하시나요? 제가 볼 때는 오히려 반대인 듯한데…….

|기든스| 잘 알고 있습니다. 1997~1998년 IMF 외환위기를 말씀하시려는 것이지요? 분명 경제의 세계화와 밀접한 관련이 있는 현상이고, 한국은 그 속에서 매우 큰 희생을 치러야 했습니다. 하지만 한국은 다른 어떤 나라들보다 더 빨리 상황을 해결했습니다. 그 나라가 그렇게 할 수 있었던 것은 세계화에 신속하게 적응했기 때문입니다. 그리고 한국은 장기적인 관점에서, 외환위기를 역으로 이용해 경제를 보다 투명하고 튼튼한 체질로 바꿀 수 있었습니다. 그러니까 세계화는 강대국의 이익만을 보장하는 체제가 아닙니다. 말하자면 제로섬zero-sum 게임이 아닌 것이지요. 어느 한쪽이 이익을 보면 다른 쪽이 손해를 보는 그런 게임이 아니란 말입니다. 물론 세계화에서 이익을 확보하기 위해서는 끊임없는 개혁과 경쟁력 확보가 필요합니다.

|부르디외| 1990년대 후반 한국 노동자들의 삶을 보셨나요? 그들이 어떻게 살아야 했는지? 그러한 희생을 대가로 한국경제의 체질이 좋아졌다고 하시는데…… 그렇다면 지금의 양극화는 왜 발생하는 겁니까? 한국의 상류층 10퍼센트의 연소득이 1억 원에 육박한다더군요. 지난해보다 늘었답니다. 하류층의 연소득은 오히려 줄었다지요. 저는 가끔 생각해봅니다. 어떤 나라의 경제가 성장을 거듭해도 그 나라의 하류층 사람들은 여전히 가난할지도 모른다고. 왜일까요? 부가 아래로 확산되지 못하기 때문입니다.

제가 국가가 반드시 수행해야 할 역할로서 복지를 강조하는 이
유도 바로 여기에 있습니다.

|기든스| 결국 아까와 같은 말을 하게 되는데요. 하류층의 경제적
상황에 약간의 보탬밖에 안 되는 복지는 한계가 있습니다. 경제
적 빈곤 상태로부터 완전히 벗어나도록 그들을 정신적으로 개조
시키는 복지가 필요합니다.

|부르디외| 기든스 선생, 이제 하늘에서 내려오시지요. 왜 제게는
선생의 이야기가 공허하게 들릴까요? 정신적 개조를 위한 복지
가 필요하다고 하면서 경제적 지원을 모른 체하는 게 합당합니
까? 우리는 이 둘 모두를 다 해야 합니다. 저는 단순히 생존을
위한 재정적 지원만 하자는 게 아닙니다. 그러기 위해서는 국가
의 역할이 더 강해져야 하겠지요. 그런데 선생은 국가는 약해져
야 한다고 말씀하시는군요. 물론 액면 그대로 그렇게 말씀하신
건 아니지만, 복지의 책임이 국가, 기업, 시민단체로 분산되어야
한다는 얘기가 결국 그 얘기지요. 제가 볼 때 제3의 길은 유토피
아적 현실주의가 아니라 그저 유토피아일 뿐입니다. 전혀 현실
에 기반하고 있지 않아요. 저는 선생의 대안은 세계화의 원인과
책임에 대한 과학적 이해를 바탕으로 하고 있지 않기 때문에 결
코 현실적인 해결책이 될 수 없다고 생각합니다. 좀 더 심하게
말씀드릴까요? 그저 좋은 이야기들만 나열한 것으로 보입니다.

|기든스| 그럼, 선생은 도대체 어떤 대안과 해결책을 제시하고 계

십니까? 과연 맞불이 해결책입니까? 그건 구시대의 해결 방식이 아닐까요? 왜 자꾸 싸우려고만 하십니까?

|부르디외| 저 역시 맞불이 확실한 해결책이라고 자신하지는 못해요. 다만, 지금의 세계화로 인한 불평등이 너무나 심각하기 때문에 일단은 그 불길을 막아야 한다고 생각했기 때문에 제안한 겁니다. 궁극적인 해결책은 차후에 좀 더 객관적인 접근을 통해 만들어야겠지요. 우리의 생명을 위협하는 불이 확산되는데도 그것에 맞서지 말고 차분히 생각해보라고 하는 건 어불성설입니다. 사회학은 부조리한 현실과 타협하는 학문이 아닙니다. 그리고 불평등한 현실을 은폐하는 학문이어서도 안 됩니다. 그것은 그러한 현실과 싸우는 학문입니다. 우리는 낙관적 예견과 예측을 제시함으로써 사람들이 지금의 현실을 착각하게 해서는 안 됩니다.

|기든스| 제 생각에, 사회학은 미래와 희망을 주는 학문이어야 합니다. 오늘은 여기까지 얘기하기로 하시죠. 아무래도 열차 시간이 촉박할 것 같습니다. 오랜만에 좋은 토론 기회를 가지게 되어 만족스럽습니다.

|부르디외| 저 역시 그렇습니다. 또 기회를 갖지요. 다음에도 또 거리에서 만나게 될지도 모릅니다. 그럼, 안녕히 가시오, 기든스 선생.

ISSUE

Anthony Giddens

앙가주망, 프랑스 지식인의
현실 참여 전통

1999년 11월 30일부터 12월 3일까지 미국의 시애틀에서는 제
3차 WTO 각료회담이 개최될 예정이었다. 세계 경제 자유화를
위한 뉴라운드 출범이 가장 중요한 논의 주제였다. 하지만 회의
는 무산되었다. 1960년대 후반 미국-베트남 전쟁 반대 시위 이
후 최대 규모라고 하는 약 4만 명의 시위대가 집결해 회담 저지
투쟁을 전개했기 때문이다. 이들은 세계무역기구가 실현하려는
지금의 경제 통합을, 부유한 국가들과 초국적 기업들의 이익에
만 봉사하면서 가난한 나라들에게는 심각한 경제적 고통을 안겨
주는 양극화 과정으로 이해했다. 이러한 '시애틀 전투'의 '승리'
에 힘입어 반세계화 운동 세력들은 이후 수많은 국제회담에서
강력한 저항 운동을 전개했다. 예컨대, 2000년 4월 워싱턴 국제
통화기금과 세계은행 총회, 2000년 9월 프라하 국제통화기금과
세계은행 연차 총회, 2000년 10월 서울 아시아-유럽 정상회의,

2001년 1월 다보스 세계경제포럼 연차 총회, 2001년 4월 캐나다 퀘벡 미주자유무역지역^{FTAA}정상회담, 그리고 2001년 7월 이탈리아 제노바 G8 정상회담 등이 반세계화 투쟁을 불러일으켰다. 이는 결국 2001년 1월 25일부터 30일에 걸쳐 브라질의 포르투알레그리에서 결성된 세계사회포럼$^{World Social Forum, WSF}$으로 결실을 맺게 된다. WSF는 선진국 정·관계 및 기업계 인사들을 주축으로 결성된 다보스 포럼에 대한 반대와 저항을 상징하는 것이다.

이렇듯 시애틀의 반세계화 시위는 '위'로부터 추진되는 신자유주의 경제 통합의 의지를 무력화시킨 최초의 국제 연대이자 이후 강력한 국제적 저항 조직 결성의 기반을 제공한 사건이라는 의의를 갖는다.

그렇다면 국제적 저항 연대가 본격적으로 형성되기 이전에 반세계화 운동은 존재하지 않았는가? 프랑스를 중심으로 전개된 신자유주의 경제 논리에 대한 저항의 움직임에 관한 몇 가지 예를 보자.

프랑스 사람들은 1995년 겨울, 쥐페 개혁안에 총파업으로 대응했으며 1997년 겨울, 실업자 문제 해결에 온 에너지를 쏟아 부었다. 1999년 8월에는 프랑스 농민 운동가 조제 보베의 반세계화 투쟁에 열렬한 지지를 보냈고 2006년 2월부터 4월에 걸쳐 최초고용계약제 무효화 시위에 참여했다.

그렇다면 왜 프랑스는 일찌감치 반세계화 운동의 선두에 서 있나?

이에 대해서는 의견이 분분하다. 어떤 사람들은 프랑스가 강력한 국가 개입의 전통을 지켜왔기 때문이라고 하고 또 어떤 사람들은 대화와 타협보다는 힘을 통한 대결로 문제를 풀어가려는 프랑스의 국민적 성향을 지적하기도 한다. 이 두 의견의 진위 여부를 떠나 우리는 프랑스 지식인의 사회 참여 전통에 주목하고자 한다. 프랑스를 대표하는 사회학자 부르디외는 1995년 이후 줄곧 반정부 운동과 반세계화 운동의 중심에 자리하고 있었다. 1995년에 결성된 좌파 지식인 집단인 '레종 다지르(행동하는 이성)'가 부르디외에 힘을 실어주고 있었음은 물론이다. 한 연구자(이후의 논의는 이 연구자의 저술에 상당 부분 의존하고 있다)는 이는 결코 우연 또는 예외가 아니라 프랑스 지식인의 사회 참여 전통(프랑스어로 이는 '앙가주망engagement'으로 불린다)에 서 있는 것임을 말하고 있다.

> …… 프랑스에서 지식인은 자기 시대의 중요한 문제에 무책임하지 않았고 인민을 의식했다는 것을 말할 수 있다. 인민을 떠난 지식은 존재하지 않는다는 믿음으로 지식인은 경제적, 정치적으로 압박받는 사람들의 심정을 공유하고 질곡을 타개하고자 했다.
> 중요한 사회 이론을 제시해온 당대의 사회학자가 파업 노동자들 앞에서 그들을 위해 열변하는 장면 자체가 그러한 프랑스 지식인의 계보가 1995년에도 종식되지 않고 여전하게 살아 있음을 증명할 것이다.
>
> 노서경, 《지식인이란 누구인가 – 프랑스 지식인들의 상상력과 도전》(2001)

자, 그럼 부르디외가 잇고 있는 프랑스 지식인의 사회 참여 전통이란 무엇이며, 그것은 역사 속에서 어떻게 형성되었는가? 프랑스 혁명을 빼고 현대 프랑스 사회를 이해할 수 없다고 한다면 프랑스 지식인의 전통 역시 혁명에 그 뿌리를 두고 있다고 할 수 있겠다.

혁명의 과정에서 프랑스 지식인이 인민을 위해 수행한 가장 중요한 역할은 새로운 정치사회 이념인 공화주의republicanism 시민 교육이었다. 바로 그 중심에는 콩도르세Marquis de Condorcet, 1743~1794와 르플르티에L. Lepeletier de Saint-Fargeau, 1760~1793가 있었다. 계몽주의 교육관을 신봉했던 그들은 무지로부터 인민을 해방시키고 모두에게 고루 제공되는 평등한 보편 교육을 실시함으로써 민주적인 사회를 만들고 공화국의 시민을 양성할 수 있다고 믿었다. 지식인과 그들의 지식은 인민을 해방시키고 그들의 능력을 북돋우는 데서 가장 큰 의미와 이상을 갖는 것이었다. 지식인의 그러한 역할은 19세기 후반, 노동자들의 현실에 주목한 지식인들을 통해 부활한다. 프랑스에서 산업자본주의가 만개함과 동시에 사회주의 사상이 본격적으로 부상하기 시작하는 그 시기에 많은 노동 운동가들은 노동 계급의 불평등이 쉽게 극복될 수 없는 이유를 교육의 불평등에서 찾았다. 그중에서도 펠루티에Fernand Pelloutier, 1867~1901는 사회 현실에 대한 객관적이고 과학적인 지식 획득을 위한 교육의 필요성을 가장 확신하고 있었던 사람이었다. 그는 지배 계급에 맞서 싸우기 위한 노동 계급의 가장 효과적인 수단이 교육이며 그 교육을 통해 지배 계급의 논리에 대한 대응 논리를 개발할 필요가 있음을 역설했다.

1914~1918년의 1차 세계대전과 1939~1945년의 2차 세계대

전이 단적으로 말해주듯이 서유럽의 20세기 전반은 거의 전쟁으로 얼룩져 있다고 해도 과언이 아니다. 그러한 상황은 20세기 프랑스 지식인들의 사회 참여가 반전과 인권을 기치로 할 것임을 예견케 한다.

이와 관련해 우리는 프랑스 사회당의 대부 조레스Jean Léon Jaurès, 1859~1914에 주목하지 않을 수 없다. 파리 고등사범학교 출신이자 소르본 대학에서 철학박사 학위를 취득했으며 당시의 문인들과 함께 반전과 인권의 가치를 소리 높여 외쳤던 조레스에게 전쟁은 자본주의가 낳는 불가피한 현실이었다. 그렇기 때문에 사회주의 지식인이자 정치가인 조레스의 자본주의 비판은 반전 운동으로 귀결될 수밖에 없었다. 1898년의 드레퓌스Dreyfus사건은 조레스가 프랑스 군부를 반전 운동의 구체적인 공격 지점으로 삼게 되는 계기로 작용한다. 드레퓌스 사건은 그 자체로 프랑스 지식인이 사회 참여에 얼마나 큰 열정과 의지를 보였는가를 증명하는 대사건이다.

사건에 대해 간단히 살펴보자.

유대인 출신의 장교 드레퓌스는, 프랑스 군사정보를 독일 대사관에 제공했다는 혐의로 1894년 10월 프랑스 군법회의에 회부된다. 그런데 확정적인 물증이 없었음에도 재판부는 그에게 종신형을 선고한다. 하지만 드레퓌스가 무죄라는 사실을 믿고 있던 가족들은 재심을 요구하고 1897년 에스테라지 소령을 진범으로 고발한다. 여기서 군부가 에스트라지 소령에 대해 무혐의 판결을 내리게 되면서 사건은 잊혀지는 듯했다. 그러나 1898년 1월 프랑스의 문호 에밀 졸라Émile Zola, 1840~1902가 〈나는 고발한다

J'accuse〉는 제목의 기고문을 좌익신문 《로로르L'Aurore》에 실으면서 사건은 새로운 국면으로 접어든다. 당시 대통령 포르Félix Faure, 1841~1899를 향한 편지 형식을 띤 이 기고문을 통해 졸라는 자신의 이름과 업적을 걸고, 맹세코 드레퓌스 사건의 진실이 밝혀지지 않았음을 '고발'한다.

> 제게는 단 하나의 목표밖에 없습니다. 그것은 너무나 큰 고통을 받았지만 행복할 권리를 가진 인류의 이름으로 진실이 밝혀지는 것입니다.
> 저의 불타는 항변은 오로지 제 영혼으로부터의 외침입니다. 그들이 저를 법정에 세우도록 해주십시오. 한 점 어둠 없는 빛 속에서 조사가 이루어지도록 해주십시오. 저는 기다리고 있습니다.

졸라의 기대는 실현되지 않는다. 그는 군법회의를 중상 모략했다는 죄목으로 영국으로 망명하게 되지만 1902년 급작스럽게 사망한다. 하지만 진실은 승리하는 법일까? 1906년 7월 프랑스 최고재판소는 드레퓌스의 무죄를 판결하고, 이어 1908년 졸라의 유해는 프랑스를 빛낸 위인들이 묻히는 팡테옹Panthéon에 안치된다.

1933년 히틀러가 국가사회주의독일노동자당(나치스)을 건설하고 전쟁 준비에 박차를 가하자 프랑스 지식인들은 또다시 전쟁 반대와 전체주의totalitarianism 고발을 위해 결집한다. 프랑스 지식인들에게 히틀러는 프랑스 혁명의 이념인 자유, 평등, 박애로 압축되는 인간의 권리를 위협하는 존재였다.

1934년 3월 "파시스트 독재에 반대해 민중이 쟁취한 권리와 공적 자유를 구하기 위해 그들과 함께 싸우려는 우리의 결의를 천명한다"는 내용을 담은 성명서가 세 명의 좌파 지식인에 의해 발표된다. 두 달이 지나 서명자는 2,300명으로 늘어난다.

이 성명서의 지침대로 파시스트 감시위원회가 발족되는데 여기에 참여한 프랑스 지식인들 중에는 앙드레 브르통[André Breton], 폴 엘뤼아르[Paul Éluard], 장 게노[Jean Guéhenn], 마르셀 마르티네[Marcel Martinez] 등 당대 최고의 문학가들이 포함되어 있었다. 이와 관련해 주목해야 할 사람은 《좁은 문》의 작가 앙드레 지드[André Gide, 1869~1951]다. 부르주아 출신으로 순수문학을 지향하던 지드는 히틀러 집권을 보면서 현실 참여 지식인으로 탈바꿈한다. 예순다섯이라는 적지 않은 나이에, 그리고 확고한 문학적 명성을 뒤로하고 지드는 나치즘에 반대하는 문학인 협회에서의 연설을 시작으로 반전과 인권을 향한 지식인의 길을 걷는다.

2차 세계대전이 종결된 이후에도 프랑스는 쉴 틈이 없었다. 베트남, 라오스, 캄보디아와의 인도차이나전쟁(1946~1954)이 끝나자마자 1962년까지 알제리와의 전쟁을 겪어야 했기 때문이다. 알제리는 20세기 마지막 프랑스 식민지였다. 1950년대 중반부터 알제리는 지난 130여 년간의 식민통치에서 벗어나기 위한 독립운동을 치열하게 전개한다.

프랑스-알제리 전쟁은 프랑스 지식인의 사회 참여에 관한 또 다른 시금석이었다. 왜냐하면 그 과정에서 알제리 저항 투사들에 대한 고문이 만연했기 때문이다. 알제리의 독립을 지지하거나 실질적으로 지원해준 프랑스 사람들 역시 군부의 탄압으로부터 자유롭지 못했다. 군부, 특히 알제리 내의 프랑스 군부의 입장에서 알제리는 국가적 이해관계가 걸린 문제였지만 프랑스 지식인에게 알제리는 도저히 용납할 수 없는 인권 유린과, 인본주의 부정의 현장이었다. 여기서 우리는 프랑수아 모리아크^{François Mauriac}, 장 폴 사르트르^{Jean-Paul Sartre}, 시몬 드 보부아르^{Simone de Beauvoir}, 앙리 마루^{Henri Marrou} 등의 문인들을 만나보게 된다.

그들은 자유, 정의, 양심, 진실, 인권, 평화, 권리의 이름으로 프랑스 군부를 고발했다. 정계를 은퇴했던 드골^{Charles de Gaulle, 1890~1970}이 1958년 알제리 문제의 해법을 찾아 다시 정치의 전면에 등장한 시점에서 프랑스 지식인들은 알제리와의 전쟁에 대한 더 강한 비판의 목소리를 내고 있었다. 그들은 1960년 10월 지식인 121인의 성명서를 통해 알제리 사람들의 저항은 자유의 외침이며, 전쟁에 참여하지 않으려는 프랑스 사람들의 의지 역시 정당한 것임을 주창했다.

한편, 드레퓌스 사건을 돌아볼 때 지식인의 사회 참여와 권력에 대한 저항은 언론과 분리시켜 생각할 수 없을 듯하다. 프랑스 혁명기 때부터 지식인과 언론은 서로 밀접한 관계를 유지해왔다. 그들은 자신들의 정치적 신념을 신문을 통해 표출했을 뿐만 아니라 주요 신문들의 제작과 편집에도 매우 중요한 역할을 수행했다.

나치로부터 프랑스가 해방된 후 프랑스 정부는 가장 먼저 언론 부역자^{附逆者}를 철저히 색출해 처벌했는데 이러한 역사적 사례 역시 지식인과 신문 간의 밀접한 정치적 관계를 반영하는 것이라 하겠다.

무엇보다도 소수에서 시작한 지식인들의 고문에 대한 투쟁은 매체의 지원과 주도가 아니었으면 수년간 지속하기 힘들었을 것이며……

1960년 2월, 테러의 혐의를 받고 체포된 한 알제리 여성의 고문 사건에 대해 "스캔들 중에서도 스캔들인 것은 사람들이 스캔들에 익숙해지는 것이다.

그렇긴 하지만 자밀라 부파차Djamila Boupacha라는 스물두 살의 젊은 여자가 겪고 있는 비극에 여론이 무관심하기는 불가능한 것 같다"는 보부아르의 입장을 실은 프랑스를 대표하는 일간지《르 몽드》를 필두로《르 카나르 앙셰네Le Canard enchaîné》와 같은 일간지와《렉스프레스L' Express》,《프랑스 옵세르바퇴르France Observateur》 등의 주간지들은 알제리전쟁에서의 인권 유린의 문제를 환기시키고 여론을 결집하는 데 많은 힘을 기울였다.

부르디외를 비롯한 프랑스 지식인의 후예들은 이러한 사회 참여의 전통을 면면히 이어오고 있는 것이다. 이제 그들은 인민들의 자유와 인권에 위협이 되는 또 다른 형태의 억압에 저항하고 있다.

그들의 시각에서 세계화는 또 다른 형태의 억압이다. 반세계화 투쟁을 위한 지식인과 언론 연대의 중심에는 '세계화에 맞선 지식인들의 최전선'으로 불리는《르 몽드 디플로마티크》가 있다. 그 전선의 선두에는《르 몽드 디플로마티크》의 사장 겸 주필이자 파리7대학의 교수인 라모네Ignacio Ramonet, 1943~가 활동하고 있다.

라모네는 "사회 각 세력의 연대로 신자유주의 물결을 멈추게 해야 한다"고 외치면서 지난 2월의 최초고용계약제 무효화 시위에 대해서 열렬한 지지를 보내기도 했다. 그는 "최초고용계약제 사태에서 프랑스가 보낸 분명한 메시지는 야만적 자본주의, 야만적 세계화에 항거해야 한다는 것"임을 역설했다.

《르 몽드 디플로마티크》의 반세계화 전선에는 부르디외, 세계체제론을 담은 《근대세계체제1 The Modern World-System, vol. I》(1974)을 저술한 좌파 학자 이마뉴엘 월러스타인 Immanuel Wallerstein, 1930~, 남미 혁명에 참여했던 레지 드브레 Régis Debray, 1940~, 신사회운동의 이론가 앙드레 고르 André Gorz, 1923~ 등 많은 지식인들이 연대를 형성하고 있을 뿐만 아니라 세계화에 따른 사회적 문제와 대안을 연구하는 범사회적 연구그룹들과 보베의 '농민연합 Confédération Paysanne'이 결집하고 있다.

이렇듯, 프랑스 혁명 이래 면면이 이어져온, '앙가주망'으로 명명되는 프랑스 지식인의 전통이 프랑스에 몰아치고 있는 세계화 물결에 대한 저항 운동의 한 축을 이루고 있는 것이다.

이슈2 근대성, 과학기술 그리고 위기

현대 과학기술 자체를 통째로 부정하는 것은 아니지만, 그것에 대한 기든스의 시선은 결코 우호적이지 않다. 근대성의 탐구자로서 기든스는 단순 근대성 시대의 전문가 체계는 합리성의 원리에 기반하고 있고 그러한 합리성은 과학기술로 구체화되고 있음을 말하고 있다. 그에 따르면 합리성이 진리의 보편적인 기준이었던 근대에는 과학기술의 발전이 모든 문제 해결의 열쇠로 간주되었지만 전문가 체계를 통한 문제 해결의 가능성이 심각하게 도전받고 있는 지금과 같은 리스크 사회에서는 과학기술에 대한 맹목적 믿음이 아니라 그것에 대한 성찰적 사고가 필요하다. 그는 독일의 사회학자 울리히 베크^{Ulrich Beck, 1994~} 등과 함께 과학기술의 성장에 따라 초래되는 생태계와 환경 위기 그리고 재앙의 문제에 관심을 가질 것을 호소하는바, 여기서는 과학기술에 관한 몇몇 주요한 시각들에 관한 논의를 통해 근대성과 과학기술에 대한 기든스의 관심사를 공유해보기로 하자.

인류 문명이 개발한 과학기술을 신봉하는 사람들이라면 다음과 같이 말할 법도 하다.

> 우리는 새로운 가능성을 창조할 힘과 의지를 가지고 있다. 새로운 가능성의 창조로 한층 더 많은 선택권을 지니게 되었다. 선택의 폭이 확장되는 동시에 더 큰 기회를, 더 큰 기회와 함께 더 큰 자유를 누리게 되었다. 또한 더 큰 자유와 함께 우리 인류는 한층 더 인간적인 면모를 띠게 되었다. 이것이 우리 시대의 새로움이다. 우리는 탁월한 기술이 글자 그대로 새로운 자유의 약속으로 충만해 있음을 보고 있다. (기술은) 인간의 존엄과 욕망의 자유로운 표출 가능성을 증대시키고 있는 것이다.
>
> 이매뉴얼 메스딘(Emmanuel. G. Mesthene),
《기술과 사회적 변화 Technology and Social Change》(1967)

하지만 그들이 예상하는 것처럼 과학기술의 성장이 희망찬 인류의 미래를 실현해가고 있는가? 체르노빌 원전 사고 20주기를 특집으로 다룬 2006년 5월 2일자 《한겨레21》의 〈지옥의 르네상스는 계속되는가〉를 읽어보라. 1986년 4월에 발발한 체르노빌 원전 사고의 파괴력이 20년이 지난 지금까지도 맹위를 떨치고 있는 모습을 보게 된다. 체르노빌 원자력 발전소에 남아 있는 185톤의 핵연료와 35톤의 방사능 분진 피해를 제대로 막아내기 위해서는 해마다 우크라이나 정부 예산의 20퍼센트가 투입되어야 할 뿐만 아니라, 체르노빌에서 불과 10킬로미터 떨어진 곳에 최대의 피해를 입은 벨로루시의 경우, 인구 1,000만 명 중 200만 명이 피해를 입은 것으로 추산된다. 또한, 미국의 한 연구소에 따르면 사고 발생 후 얼마 지나지 않아 한반도 상공도 방사능 낙진으로 덮여 있었다. 그럼에도 현재 전 세계적으로 28개의 핵 발전소가 건설 중에 있다. 상황이 이러함에도 불구하고 원자력 발전소에 대한 믿음은 여전하다. 원자력 기술 전문가들은 지금의 원자력 기술은 과거와는 근본적으로 다르다고 말한다. 말하자면 그들은 과학기술로 인해 발생한 문제를 다시 과학기술의 힘을 빌려 해결하고자 하는 것이다.

과연 그럴 수 있을까? 환경론자들과 생태주의자들은 이에 대해 근본적으로 부정적인 입장이다. 해마다 지진, 홍수, 해일, 태풍 등의 자연재해가 발생해 전 지구적인 피해를 초래하고 있지만 인간은 아무런 손도 쓰지 못한다. 지구 밖으로 우주선이 비행하는 첨단 과학기술의 시대가 왔는데도 왜 인류는 자연의 공포로부터 벗어나지 못하고 있는가? 그들의 목소리에 힘을 실어주듯 지금 국제적으로 '재앙 담론^{catastrophe discourse}'이 급부상하고 있다. 재앙 담론을 주창하는 사람들에 따르면(국내에는 사회학자 이재열, 철학자 이진우 등이 있고 국외에는 기든스와 함께《성찰적 근대화^{Reflexive Modernization}》를 저술한 독일 녹색당 고문인 사회학자 울리히 베크와,《안전의 원리^{Das Prinzip Sicherheit}》(2005)를 저술한 독일 사회학자 볼프강 조프스키^{Wolfgang Sofsky} 등이 있다) 현재 인류가 맞닥뜨리고 있는 사고와 재해는 인간의 힘으로 극복할 수준을 넘어서고 있으며, 인류의 파멸을 가져올 가능성 또한 배제할 수 없다 한다. 그들은 〈투모로우〉나 〈딥 임팩트^{Deep Impact}〉(1998) 등의 재난 영화가 결코 허

구가 아니라고 주장하고 있다. 그럼, 어떻게 해야 하는가? 인간
과 과학기술에 대한 맹신으로부터 벗어나기 위한 사고의 전환이
필요하다. 인간과 자연, 인간과 세계에 대한 근본적인 성찰이 요
구되는 시기다.

전 인류적 재앙의 중심에 서 있는 과학기술을 성찰해보자. 서
구의 근대는 이성과 합리성의 시대였으며 이성과 합리성은 과학
기술의 발전 속에서 그 모습을 드러냈다. 과학기술은 원시적 공
포로부터 인류를 해방시키고 그들에게 물질적 풍요를 가져다주
었다. 하지만 그 대가로 인간은 막대한 희생을 치러야 했다. 인
간에게 과학기술이란 무엇인가? 그것은 언제나 양면적인 모습
을 갖는가? 우리는 과학기술의 부정적 결과를 최소하면서 긍정
적 결과를 성취할 수는 없는가?

어떤 사람들은 그것이 가능하다고 주장한다. 그들은 과학기술
이란 인간이 만든 도구라는 사고(도구주의instrumentalism)를 가지고
있다. 좀 더 자세히 설명해보자. 과학기술은 인간이 어떻게 사용
하느냐에 따라 긍정적인 결과도, 부정적인 결과도 만들 수 있다.
그렇기 때문에 과학기술 자체는 부정적이지도 긍정적이지도 않
다. 오히려 그것은 '중립적'이다. 문제는 인간의 능력과 선택이
다. 과학기술을 잘 사용하게 되면 긍정적 결과를 갖게 되겠지만
그렇지 못한다면 부정적 결과를 맛보게 된다.

따라서 모든 것은 인간의 문제로 귀결된다. 그렇다면 인간은
어떤 존재인가? 인간을 이성적이고 합리적인 존재로 파악하는
것은 서구의 근대성에서 유래하는 계몽주의적 인간관이다. 인간
은 이성과 합리성의 원리에 근거해 과학기술을 가장 긍정적인

방향으로 조종할 수 있으며 그렇기 때문에 과학기술에 대한 지나친 두려움과 공포에 빠져 있을 필요는 없는 것이다. 물론, 인간이 언제나 이성적이고 합리적인 것은 아니기 때문에 과학기술의 부정적인 결과에 대해 우려하지 않을 수는 없지만 그럼에도 불구하고 인간은 부정적인 결과를 해결하면서 궁극적으로 바람직하고 소망스런 사회를 만들어낼 것이다. 그들은 과학기술의 발전을 통해 인류가 민주주의, 풍요, 자유, 조화, 평화의 세계에서 살아갈 것이라는 낙관적 전망을 피력하고 있다. 그런데 이러한 전망이 과연 진실일까? 우리는 정말 풍요와 평화의 세상을 살아가고 있는가? 오히려 과학기술이 발전하면 할수록 인간의 삶과 평화가 더 위협받고 있는 것은 아닌가? 낙관적 시각에 기초한 사람들은 아직 과학기술이 덜 발달했기 때문이라고 말할지도 모른다.

하지만 역설적이게도 과학기술이 발전을 거듭할수록 지구는 더 큰 재난의 가능성에 노출되어 있다. 재앙 담론이 부상하고 있음은 그러한 사실과 무관하지 않은 듯하다. 우리는 과학기술에 대한 믿음을 여전히 유지해야 하는가? 아니면 재앙 담론이 주장하고 있듯이 그것에 대한 믿음을 거둬들이고 새로운 삶의 원리를 찾아야 하는가?

낙관적 시각의 반대편에는 과학기술을 바라보는 전혀 다른 시각이 존재하고 있다. 그 시각에 따르면 과학기술은 인간이 만들긴 했지만, 고도로 발달한 이 시점에서는 더 이상 인간 마음대로 조종할 수 있는 도구가 아니다. 오히려 과학기술은 사회 곳곳에 자신의 원리를 적용시키고 인간을 그 원리에 따르도록 하면서 스스로를 키워나가고 있다. 하지만 인간은 마치 자신들이 과학 기술을 통제한다는 환상을 갖는다.

무슨 말인가? 컴퓨터를 예로 들어보자. 그것은 인간의 발명품이다. 처음에는 단순 계산 작업에만 이용되던 컴퓨터가 통신 기술이 발전하게 되면서 사회적으로 매우 유용한 기계로 자리잡게 되었다. 자, 이제 주변을 돌아보라. 컴퓨터가 사용되지 않은 곳이 어디인가. 병원, 학교, 공공기관은 물론이거니와 사적인 공간인 가정에까지 들어와 있다. 우리의 일상은 컴퓨터와 밀접히 연결되어 있다. 이러한 상황에서, 컴퓨터가 사회적으로 너무나 큰 문제와 부작용을 일으키기 때문에 더 이상 컴퓨터를 사용하지 않겠다거나 사용 환경을 축소하겠다고 결정하다면 그 결과는 어떻게 될까? 물론, 사람들은 그러한 결정을 '인간적'인 차원에서는 이해할 것이다. 우리 모두는 컴퓨터로 인해 피곤한 적이 한두 번이 아니었을 테니까. 하지만 문제는 과연 그것이 현실적으로 가능한 결정인가에 있다. 우리의 마음은 컴퓨터와 떨어질 수 있지만 우리의 몸은 그렇지 않다. 이미 컴퓨터는 우리의 삶 깊숙이 침투해 있다.

컴퓨터 환경에 놓인 우리가 할 수 있는 선택은 두 가지뿐이다. 하나는 그 환경에 완벽하게 적응하는 길이며, 다른 하나는 컴퓨터 없이도 살 수 있는 곳으로 가는 길이다. 환경론자들과 생태주의자들은 궁극적으로 과학기술의 영향력이 없거나 최소인 삶을 꿈꿀지도 모른다. 하지만 이미 오랫동안 과학기술의 편리함에 익숙해진 사람들이 그러한 대안을 받아들일 수 있을까? 우리는 휴대폰 서비스가 불가능한 지역, 인터넷이 사용되지 않는 지역에서의 삶을 얼마나 버틸 수 있을까? 우리에게는 과학기술로 구성된 환경에 철저히 적응하며 살아가는 것이 불가피해 보인다. 하지만 그러한 삶은 과학기술의 풍요로움과 더불어 그것이 초래할 커다란 위험 역시 감수해야 하는 삶이 아닌가?

프랑스의 기술철학자 자크 엘륄Jacques Ellul, 1912~1994은 과학기술이 인간의 삶 구석구석을 지배하는 지금이야말로 과학기술에 대한 깊은 성찰이 필요할 때라고 역설한다. 그에게서 과학기술의 수용 여부는 '세기의 도박'이다(엘륄이 1954년 내놓은 책이 《기술 혹은 우리 세기의 도박La technique ou l'enjeu du siècle》이다). 왜냐하면 과학기술을 선택하는가, 거부하는가에 따라 우리의 운명이 좌우될 것이기 때문이다. 우리는 지금 운명을 건 도박을 해야 할 시점에 와 있는 것은 아닐까? 이러한 모든 상황들로 인해 우리는 기든스가 주장하고 있는, 근대성과 그것의 동력인 과학 기술에 대한 성찰의 필요성에 공감하게 되는 것이다.

에필로그

Epilogue

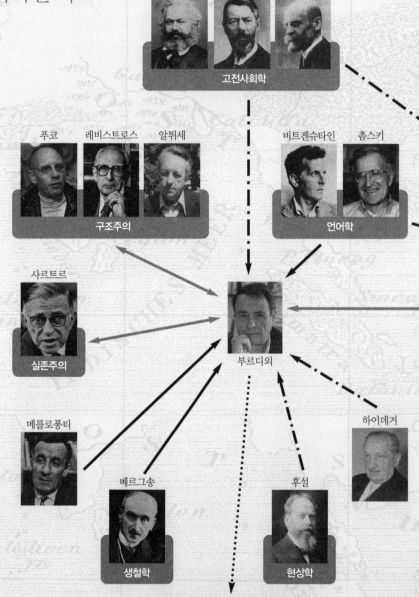

마르크스　베버　뒤르켐

고전사회학

푸코　레비스트로스　알튀세

구조주의

비트겐슈타인　촘스키

언어학

사르트르

실존주의

부르디외

메를로퐁티

베르그송

생철학

후설

현상학

하이데거

서유럽 사회민주주의 정당

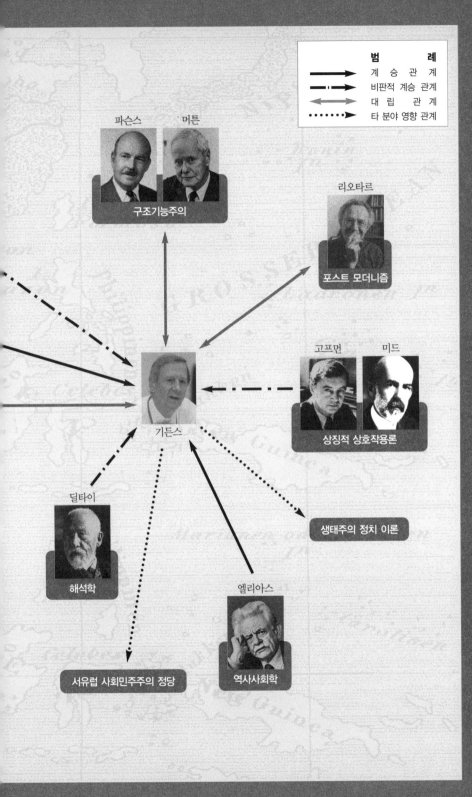

범   례

계 승 관 계
비판적 계승 관계
대 립 관 계
타 분야 영향 관계

파슨스   머튼

구조기능주의

리오타르

포스트 모더니즘

고프먼   미드

상징적 상호작용론

기든스

딜타이

해석학

생태주의 정치 이론

엘리아스

서유럽 사회민주주의 정당   역사사회학

지식인 연보

• 부르디외

1930	프랑스 남서부 지방의 소도시 당갱에서 출생
1951	파리 고등사범학교(ENS) 입학
1958	알제리 대학에서 조교 생활 시작, 《알제리 사회학》 출간
1961	프랑스에서 교수 생활 시작
1964	고등실천연구원으로 이직, 당대 최고의 사회학자 아롱의 제자로 활동
1975	《사회과학연구》 창간
1979	《구별짓기》 출간
1982	아롱의 후임으로 콜레주 드 프랑스 교수에 임명, 취임 강의가 《강의에 대한 강의》로 출간
1993	《세계의 비참》 출간
1995	지식인 연대 '레종 다지르' 조직, 시라크 정권이 주도하는 개혁안에 반대하는 노동자 대파업에 참여
1996	'리베르 레종 다지르' 출판사 설립
1998	《맞불》 출간, 프랑스 실업자 시위 지지 표명.
2000	보베 지지 시위 참여, 한국 방문
2001	부르디외에 관한 다큐멘터리 영화 〈사회학은 전투의 스포츠다〉 제작·상영
2002	지병인 암으로 사망

• 기든스

1938	영국 런던 근교 에드먼턴에서 출생
1955	헐 대학 입학
1959	런던 정경대학(LSE) 석사과정 입학
1961	영국에서 교수생활 시작
1968	북미에서 연구 활동 시작
1971	귀국 후 케임브리지 대학에서 교수 생활 시작, 《자본주의와 현대사회이론》 출간
1984	《사회구성론》 출간, 폴리티 출판사 설립
1997	런던 정경대학 학장으로 취임, 《좌파와 우파를 넘어서》 출간.
1998	《제3의 길》 출간, 블레어 정부의 정책 고문으로 활동, 한국 방문
2001	《전 지구적 제3의 길 논쟁》 출간
2013	런던정경대학 명예교수

키워드 찾기

- **아비투스** habitus 아리스토텔레스의 habitude 습관에서 유래한 개념으로 "일정 방식의 행동과 인지, 감지와 판단의 성향체계로서 개인의 역사 속에서 개인들에 의해 내면화되고 육화肉化되며, 일상적 삶을 구조화하는 양면적 행위 양식"으로 정의된다. 부르디외는 이 개념을 통해 사회학의 오랜 논쟁 주제였던 인간 행위와 사회제도의 대립을 해결하고, 사회적 불평등과 지배-피지배 관계가 유지되는 은밀한 원리를 규명하고자 했다.

- **장** champ/field 사회는 단일한 공간으로 구성된 것이 아니라 각 행위자들이 획득하고자 하는 자본의 속성에 따라 다양한 하위 공간으로 구분된다. 부르디외는 그러한 하위 공간을 장으로 부른다. 경제자본을 둘러싼 경제적 장, 문화자본을 둘러싼 문화적 장, 사회자본을 둘러싼 사회적 장 등이 있다. 그 속에서는 특정한 자본을 둘러싼 투쟁이 전개된다.

- **자본** capital 사회 관계에서 타인이나 타 집단에 대해 지배를 행사하고 유지할 수 있는 힘이다. 고전사회학자 마르크스는 사회적 지배를 위한 가장 본질적인 자본을 경제자본이라고 말했지만 부르디외는 이러한 입장에 반대하면서 경제자본 외에 사회자본, 문화자본, 상징자본이 있음을 강조했다. 이러한 네 가지 자본들은 그 속성과 관련해서는 서로 구분되지만 현실적인 사회관계 속에서는 서로 영향을 미치면서 작용하고 있다.

- **문화자본** capital culturel/cultural capital 지식인, 교수, 예술가와 같이 고급 문화와 예술적 능력 또는 높은 교양과 지식을 겸비한 사람들이 보유하는 자본을 지칭한다. 이러한 문화자본을 획득하기 위해서는 대체로 두 경로가 있는데, 하나는 출신 배경(상류층 출신)이고, 다른 하나는 학교와 공인기관의 졸업장 또는 자격증

이다. 부르디외는 학력자본 역시 문화자본의 하나라고 말하고 있다.

• **사회자본**^{capital social/social capital} 학연, 지연, 또는 혈연 관계와 같은 인적 연결망(network)을 의미한다. 다양한 인적 배경을 이용해 사회적인 영향력을 행사할 수 있는 사람이 있다면 그는 사회자본을 가진 사람이다.

• **상징자본**^{capital symbolique/symbolic capital} 경제자본, 문화자본, 사회자본을 보유한 사람이나 집단의 지배를 자연스러운 것으로 전환시켜주는, 말하자면 지배를 자발적으로 승인하게 하는 기능을 수행하는 자본이다. 신용, 명예, 미덕, 평판 등이 그러한 역할을 한다. 이런 면에서 상징자본은 자본의 자본으로 지칭된다. 이 개념은 부르디외가 사용하고 있는 상징폭력과 밀접한 관련을 갖는다.

• **상징폭력**^{violence symbolique/symbolic violence} 지배자나 집단은 자신의 권력을 유지하기 위해 피지배자나 집단에게 폭력을 행사한다. 물리적 힘이라든가 피지배자의 정신을 통해 행사되는 물리적 폭력이나 이데올로기적 폭력과는 달리 상징폭력은 피지배자로 하여금 자신이 지배받는다는 사실을 모르게 하는, 보이지 않는 폭력이다. 부르디외는 '오인'과 '비가시성'을 상징폭력의 핵심적 요소로 보고 있다. 오인은 알아보지 못함, 무지, 몰이해를 뜻하는 용어로서 자신이 지배받는 것을 인식하지 못하는 상태를 의미한다. 그리고 비가시성^{non-visibilité}은 글자 그대로 눈에 보이지 않는다는 뜻으로 폭력과 지배가 은밀하게 이루어지는 상태를 의미한다.

• **신자유주의**^{neo-liberalism} 1970년대 후반 미국의 레이건 공화당 정부와 영국의 대처 보수당 정부를 중심으로 확산된 경제 이념이다. 신자유주의는 케인스의 국가 개입 경제 모델에 반대하면서, 국가 개입 없는 자유로운 시장 원리를 통한 경제 행위가 최대의 경제적 효과를 산출한다는 18세기 자유주의 경제 사상에 기반하고 있다. 부르디외는 이러한 신자유주의를 현실적인 경제 상황과 맞지 않는 허구적 이념으로 보고 있다. 그것은 현재 경제 세계화를 주도하고 있는 강대국의 논리를 정당화하는 이데올로기일 뿐이라고 주장한다.

• **근대성**^{modernity} 근대성은 17~18세기 서유럽에서 태동한 새로운 사회의 특성들의 총합을 의미하는 개념이다. 그것은 이성과 합리성의 원리를 본질로 하고 있으며 민주주의, 자본주의, 산업사회, 대중사회 등의 양상들로 구현되었다.

• **단순 근대성**^{simple modernity} 근대성이 전 지구화되기 이전의 상황을 가리키기 위해 사용된 개념이다. 단순 근대성은 이성과 합리성의 전문가 체제를 기반으

로 하고 있으며, 사회 전체를 통괄하는 거대한 체계를 상정한다. 하지만 기든스는 근대성이 전 지구화되는 상황 속에는 그러한 단순 근대성의 원리가 더 이상 유효하지 않음을 강조한다.

- **리스크**^risk 근대성의 세계화에 의해 초래된 새로운 위험을 지칭한다. 전통사회에서는 자연의 힘에 의해 발생하는 위험 앞에 노출되었지만 지금의 세계는 인간에 의해 만들어진 위험에 더 많이 노출되어 있다. 지구 온난화, 핵, 유전자 조작 등에 의해 발생하는 위험은 자연적으로 존재하는 것이라기보다는 인간이 '제조한' 위험인 것이다.

- **관행적 의식**^practical consciousness 행위자가 자신의 행위 조건을 포함하여 사회적 조건에 대해 알고 있으나 언어를 통해 표현할 수 없는 의식을 의미한다. 익숙하고 친숙한 상황 속에서의 무의식적인 행위 과정을 통해 드러난다.

- **담화적 의식**^discursive consciousness 행위자가 자신의 행위 조건을 포함하여 사회적 조건에 대해 언어적으로 표현할 수 있는 의식을 말한다. 친숙하지 못한 예외적 상황 속에서의 행위 과정을 통해 드러난다.

- **성찰적 자기감시**^reflexive self-observation 인간은 언제나 자기 자신을 포함, 주변 환경에 대한 앎을 기반으로 의미를 파악하고자 하는데 이것을 성찰적 자기감시라고 부른다. 특정한 사회적 조건의 제약을 받는 인간 행위가 그 사회적 조건을 변화시킬 수 있는 것은 성찰적 자기감시에 기인한다. 이런 차원에서 기든스는 앎을 통한 인간의 행위는 권력을 필연적으로 내재하고 있다고 말한다.

- **성찰적 근대성**^reflexive modernity 거대한 전문가 체계에 따라 일원화된 문제해결 방식을 보편적으로 적용하고자 하는 단순 근대성에 대비되는 개념으로서 개개인의 주체적인 성찰적 능력을 통한 문제해결을 추구하는 원리를 의미한다.

- **제3의 길**^the third way 기든스는 서구의 전통적인 좌·우파의 원리는 전 세계적인 차원으로 확산되고 있는 리스크를 해결할 능력을 상실했다고 판단하면서 그 둘을 극복할 수 있는 새로운 좌파, 즉 중도좌파의 원리를 제시하고 있다. 그는 이것을 제3의 길로 부른다. 제3의 길은 기존의 우파의 시장지상주의와 좌파의 복지국가 원리를 공히 비판하면서 국가와 시장의 공존을 통해 적극적 복지를 실현하고자 한다.

- **적극적 복지**^positive welfare 강력한 국가 개입을 통한 재정 원조를 특징으로 하는 유럽의 전통적 복지와는 달리 복지 수혜자들이 자신의 존재 조건을 성찰하고

그로부터 근본적으로 자신의 문제를 해결하도록 유도하는 능동적 복지를 의미한다. 이러한 복지는 국가가 주도하는 것이 아니라 국가와 기업 그리고 사회 단체들 간의 협력을 통해 운영된다.

· **민주주의의 민주화** democratization of democracy 기든스는 제도로서의 민주주의가 실제 상황에서 제대로 작동하지 않는 현상을 민주주의 역설로 표현하면서 그러한 딜레마를 해결하기 위해서는 민주주의의 민주화가 필요하다고 강조하고 있다.

· **세계화** mondialisation/globalization 부르디외가 세계화를 강대국의 이익을 실현해주는 정치·경제적 통합의 과정으로 보고 있는 반면, 기든스는 인간의 삶의 환경 자체를 변화시키는, 거대하고 다층적인 통합의 과정으로 보고 있다.

EPILOGUE 4

찾아보기

Pierre Bourdieu
&
Anthony Giddens

인류의 지성사를 이끌어온
100인의 지식인 마을 주민들